Pétalas

Editora Appris Ltda.
1.ª Edição - Copyright© 2024 da autora
Direitos de Edição Reservados à Editora Appris Ltda.

Nenhuma parte desta obra poderá ser utilizada indevidamente, sem estar de acordo com a Lei n°
9.610/98. Se incorreções forem encontradas, serão de exclusiva responsabilidade de seus organi-
zadores. Foi realizado o Depósito Legal na Fundação Biblioteca Nacional, de acordo com as Leis n°s
10.994, de 14/12/2004, e 12.192, de 14/01/2010.

Catalogação na Fonte
Elaborado por: Dayanne Leal Souza
Bibliotecária CRB 9/2162

C355p
2024
	Castro, Maria Fatima de
	    Pétalas / Maria Fatima de Castro. – 1. ed. – Curitiba: Appris, 2024.
	    275 p. : il. ; 23 cm.
	
	    ISBN 978-65-250-6230-3
	
	    1. Literatura brasileira Poesia. 2. Rosas. 3. Vidas. 4. Anjos.
	I. Castro, Maria Fatima de. II. Título.
	
	                                                                  CDD – B869.91

Appris
editora

Editora e Livraria Appris Ltda.
Av. Manoel Ribas, 2265 – Mercês
Curitiba/PR – CEP: 80810-002
Tel. (41) 3156 - 4731
www.editoraappris.com.br

Printed in Brazil
Impresso no Brasil

Maria Fatima de Castro

Pétalas

Appris editora

Curitiba, PR
2024

FICHA TÉCNICA

EDITORIAL	Augusto Coelho
	Sara C. de Andrade Coelho
COMITÊ EDITORIAL	Ana El Achkar (UNIVERSO/RJ)
	Andréa Barbosa Gouveia (UFPR)
	Conrado Moreira Mendes (PUC-MG)
	Eliete Correia dos Santos (UEPB)
	Fabiano Santos (UERJ/IESP)
	Francinete Fernandes de Sousa (UEPB)
	Francisco Carlos Duarte (PUCPR)
	Francisco de Assis (Fiam-Faam, SP, Brasil)
	Jacques de Lima Ferreira (UP)
	Juliana Reichert Assunção Tonelli (UEL)
	Maria Aparecida Barbosa (USP)
	Maria Helena Zamora (PUC-Rio)
	Maria Margarida de Andrade (Umack)
	Marilda Aparecida Behrens (PUCPR)
	Marli Caetano
	Roque Ismael da Costa Güllich (UFFS)
	Toni Reis (UFPR)
	Valdomiro de Oliveira (UFPR)
	Valério Brusamolin (IFPR)
SUPERVISOR DA PRODUÇÃO	Renata Cristina Lopes Miccelli
PRODUÇÃO EDITORIAL	Daniela Nazário
REVISÃO	Andrea Bassoto Gatto
DIAGRAMAÇÃO	Amélia Lopes
CAPA	João Vitor Oliveira dos Anjos
REVISÃO DE PROVA	Elisa Barros

APRESENTAÇÃO

Eu, como mulher em tempos modernos, pude despertar este lado poético por meio das experiências vividas. Nasci no interior de Minas Gerais, fui uma criança sensível, perceptiva e pouco aceita. Sempre precisei lidar com a rejeição e, em um momento de sofrimento, comecei a escrever o que me vinha, como se um anjo fosse meu bálsamo aliviador. Assim, descobri na escrita como expressar meus sentimentos, me tornando uma escritora aos 69 anos.

Escritora intimista, meus temas recorrentes são o amor, a desilusão, a morte, o tempo e a fluidez dos sonhos. Agora, com mais esta obra, *Pétalas*, desejo a vocês uma boa leitura.

SUMÁRIO

PÉTALAS 14

ELE DO CÉU 15

FERIDA ABERTA 16

BELA E CRUEL 17

TÃO IGUAIS 18

MOMENTO QUALQUER 19

RISO ESCANCARADO 20

PAPEL DE SEDA 21

GOTAS DE AMORES 22

SEMPRE À PARTE 23

MAGIA DOS MOMENTOS 24

TÉDIO CRIADO 25

TRISTE REALIDADE 26

TÃO JOVEM 27

DÚVIDAS 29

FAÇO 30

NEM SEI 31

MERGULHO 32

ADEUS 34

MEU PEITO 35

LOGO 36

VOCÊ 37

ESTA SEREI 38

EU TENHO 39

O QUE É A VIDA 41

VIAGEM 42

TALVEZ SIM, TALVEZ NÃO 43

AMOR OU IMAGINAÇÃO 44

SEMENTE 45

TALVEZ 46

TÃO DOCE 47

COMEÇO 48

VOA ESPÍRITO 49

GOTINHA 50

DEUS EM MIM...........51
LOGO...........53
TODOS...........54
QUEM SOU?...........55
CURTO MOMENTO...........56
DIFERENÇAS...........57
SER COMPLEXO...........58
ESTA SOU EU...........59
SEM RUMO CERTO...........60
ANO QUE VIRÁ...........61
SOMENTE VOCÊ...........63
LIVRE PENSAR...........64
ONTEM VI VOCÊ...........65
OBJETO DO DESEJO...........67
DESÂNIMO...........68
DOCE AMOR...........69
ACHO...........70
CABOCLO MORENO...........71
TE QUERO...........72
TEU CORPO NO MEU OLHAR...........73
UM DIA DEPOIS...........74
VOAR SEM CÉU...........75
TE ESPERO...........76
FAZ DE CONTA...........77
RECADO...........78
AMOR E MÁGOA...........79
ALGUÉM COMO TANTOS...........80
SER QUE DIZ NÃO...........81
VAZIA...........82
PARA ALGUÉM ESPECIAL...........83
PÁSSARO ENCANTADO...........84
APENAS HOJE...........86
FOLHAS AO VENTO...........87
PRIMEIRA POESIA...........88
VENTO E SOLIDÃO...........89
BALADA DE UM ANJO...........90
TEU ABISMO...........91
COLO QUENTE...........92

MINHA FLOR 93
DOR 94
MORENINHA BELA 95
AUSÊNCIA 96
MEU VULCÃO 98
DIAS FINDOS 99
RUBI 100
SOLITÁRIO TEIMOSO 101
CEDRO FORTE 102
TRAIÇÃO 103
PERAMBULANDO 104
MINHA TERRA 105
VIRADA 106
UM DIA QUALQUER 107
PURPURINA BELA 108
ANJO DE LUZ 109
LUZ DE UM ANJO 111
O VENCEDOR 112
LUZ 113
MORTE E VIDA 114
DIA CONFUSO 115
RESUMO 116
ANJOS MEUS 117
TE AMO 118
JUVENTUDE 119
LINDAS FLORES 120
PRECISAR DA GENTE 121
MARIA MÃE 122
AZUL DOS TEUS OLHOS 123
VIVER SEM VOCÊ 124
JESUS 125
A BELA FLOR 126
PARA NÃO SOFRER 127
RETRATO AMARELADO 128
 MISSÃO DE AMOR 130
PEDRAS DE INGRATIDÃO 131
SORRISO NO OLHAR 132
VAGAS HORAS 133

AMOR ALIMENTO 134
SOMBRIO......135
RASTROS......136
FORÇA DIVINA 137
MERGULHO NO AR......138
FIA 139
ANJO DO CÉU......140
PAZ 141
FLORES NO CAMINHO 142
MÁGICA DA VIDA......143
MINHA VERDADE 144
SONHO EM VÃO......145
DEUS 146
ASSENTADOS CAMINHOS 147
BICHO PERDIDO......148
OBSESSÃO 149
ME EXPLICANDO 150
APRENDIZADO 151
SER FELIZ......152
FATÍDICO DIA......153
NADA ALÉM 155
CONFUSAS HORAS......156
HOMENS DE BRANCO 157
TEU ORGULHO......158
VAZIO MÁGICO 159
PEDRAS E FLORES 160
ALTIVEZ......161
FILHA MINHA......162
ADMIREM-ME......163
LEMBRANÇAS 164
LARANJA-LIMA......165
FLORZINHA......166
GOTAS DE ORVALHO 167
ATITUDES 168
ONDAS DO MAR 169
MARCAS......170
PENAS AZUIS 171
LÁ DENTRO......172

COR AMARELA 173

TÃO LOGO 174

PENDURICALHOS..175

QUE TRISTE..176

VOANDO TÃO LEVE..177

ILUDIDA VIDA 178

SOU AVE..179

DISTÂNCIA DO TEU SER 180

MAÇÃS VERMELHAS.. 181

FELINOS..182

TÃO CRUEL 183

MALANDRO...184

LAPIDADAS 185

AJUDADORA..186

PERDER DÓI 187

AMORES QUE AQUI FICARAM...188

TEU NOME 189

FORÇAS DIVINAS..190

PEDINTE... 191

MISTÉRIO...192

TUDO BELO 193

VERDE SECO...194

VERSOS...195

GARRAS...196

ALMAS DO BEM...197

PURA AMARGURA 198

CLARIDÃO..199

VESTES BELAS...200

TUA FACE 201

SOU CHUVA 202

FUI VÁRIAS...203

DONA 204

VIRADA 205

SEI...206

CRER 207

NINHO DE AMOR 208

VIDAS VAZIAS...209

TUDO TEATRO...210

PERDA 211

EI 212

COR DE LUZ 213

ESPINHO DAS FLORES 214

MISTÉRIOS 215

VÉU 216

BAILA PRA LÁ E PRA CÁ 217

ALMA GEMER 219

LEMBRANÇAS APAGADAS 220

RICAS PÁGINAS 221

RAIO DE LUZ 222

PERSONAGEM 223

ESPINHO NA CARNE 224

TRISTE ADEUS 225

GIZ 226

À PROCURA DE ALGUÉM 227

SEM SOL NA JANELA 228

INTUIÇÃO 230

HORAS CINZENTAS 231

MEU DOCE QUERER 232

NEBLINA 234

GESTO DE AMOR 235

PAZ DOS CALADOS 236

QUARTOS FECHADOS 237

PARTE ILUMINADA 238

SÓ ALMA 239

ALMAS VAZIAS 240

SOFRIDO CORAÇÃO 241

FARRAPOS 242

SEU PERFUME 243

FRIO OLHAR 244

MOMENTOS 245

SOU TRISTE 246

MUNDO SEM COR 247

OUTRAS VIDAS 248

SORRISOS CANSADOS 249

ÉDIPO 250

AMOR EM GOTAS 251

DOIS DE NOVEMBRO...252
TEU SILÊNCIO FRIO..253
RUGAS MARCADAS..254
DORES E ALEGRIA...256
VALORES 257
DOM DE AMAR...258
VIDA..259
CARNE QUE PERECE.......................................261
MENTIRAS 262
LÁ FORA 263
SIMONE 264
EM TEUS BRAÇOS...265
ORVALHO..266
ILUDIDO RETRATO...267
ARDE...268
PAIXÃO DE CRISTO...269
SONHOS 271
CHUVA DE VENTO..272
PAREDES AZUIS 273
LÍRIOS 274
FANTASIA 275

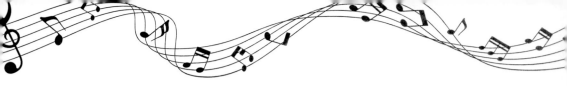

PÉTALAS

Menina, flor de amor
Que a mãe roseira deixou
A flor mais linda que os espinhos de uma rosa
Pétalas aqui na estrada da vida chorosa deixou
Dudinha, sonho de menina
Guardada nas mais longínquas e duras saudades
Dudinha, que mora dentro da minha alma
Daquela que te gerou tão bela
Chorou por ti
Te quis em desespero,
Mas hoje, onde vive ela
Tenha certo, Dudinha bela
Que alguém perto sempre estará de ti
No teu coração
Ela!

ELE DO CÉU

Tudo que ele faz é perfeito
Ele, que mora tão longe
Tão perto, tão dentro de nós
Tudo tão perfeito é
O seu querer, seu existir
Até no mal que nos vier
Ele, lá onde tudo decide disse sim
Pois esse mesmo mal tem sua razão
É o mal que vem para o bem
Se ao te ferirem a carne e o coração
Com a traição, a falsidade e o abandono
Saiba que não são anjos a te guardar
Apenas anjos caídos do céu!

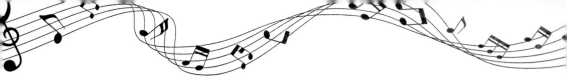

FERIDA ABERTA

Deus, venho pedir-te nesta hora
Arranca do meu peito esta dor sem fim
Pois a noite é tranquila
Vejo tudo como do lado de fora
O dia amanhece
E tudo volta a ser como naqueles dias
Senhor, dai-me o perdão
Tira-me desta escravidão
Eu sei do meu amor
Guia-me pelas veredas da justiça
Cura minhas feridas
Passa a mão no meu pensar
Arranca toda lembrança má
Eu quis algo destinado a outra
Perdoe-me, senhor!

BELA E CRUEL

Eu sei que estou só
Eu sei que a morte está em mim
À espera do meu corpo cair
Onde os impuros se escondem
Eu sei que o "sim" de mim se esconde
A abundância fica a me olhar de longe
Os filhos fogem da minha dor
Eu sei que a dignidade é brincadeira
Deboche nos lábios de quem não tem os valores ensinados
Eu sei que a vida é bela e cruel
Como o coração dos homens
Encantadora e linda como os prazeres da carne
Mas eu também sei que nada posso mudar
Poque é sonhar e acordar em sustos de pesadelos
Assim, sigo eu sozinha no meu canto
Olhando da minha janela o belo lá fora
E dentro de mim!

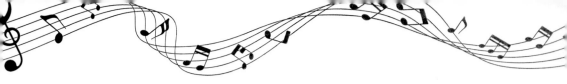

TÃO IGUAIS

Duas iguais
Morte e traição
Uma Ele do alto me deu
Outra é você quem me dá
Dores tão parecidas
Você, que de mim tirou
Aquela que me fez feliz
Sem me dizer que viria o tempo de perdê-la
Como fumaça, subiu sua força
Que de mim saiu
A dor que me fez sentir, tão semelhante
Àquela de quem amo me traiu
Sinto-me em dor de agonia
Ao ver duas verdades tão iguais
A que me deste e tomaste na morte
Também à que ele, num beijo na face, me entregaste
Tua máscara que um dia caiu!

MOMENTO QUALQUER

Criança é teu ser
Imaturo sem pensar
No sim, no não
Talvez é seu agir, teu fingir
Criança fostes
Hoje, moleque a vagar
A mentir, sorrir para enganar
Imaturo é, todos são
Os que antes por mim passaram
Já não existem homens de palavra
Tudo por um momento qualquer
Um olhar a cobiçar
Uma boca a beijar
E lá se vão mais vidas
Jogadas ao relento
Filhos sem pais
Mães divididas em mil
Tudo porque você não quis crescer!

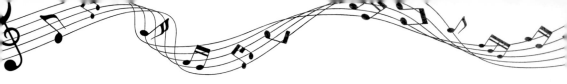

RISO ESCANCARADO

A luz apagou
Era aqui por quatro décadas a brilhar
Hoje brilha lá
Não sei onde pode estar
Só sinto no peito meu
Seu eterno viver
O riso escancarado ecoa em meus ouvidos
E os brancos e lindos enfeites de sua boca sábia
Jamais saíram das lembranças
Que aqui ficarão
O que é nossa casa
Senão beleza temporária!
Aqui, não sabemos onde moras hoje
Amanhã, um dia
O que existe dentro de nós!

PAPEL DE SEDA

A primeira flor é como eu sou
Tornou-se em seu viver
Numa folha de um livro
A primeira flor é como ela foi
Bela, linda, como a vida
Papel de seda somos
Pétalas desidratadas
Em seu formato viverá guardada
Como um marcador de páginas viradas
Mas assim dizer, seca esteve
Mais feliz serei em sua história
Em suas páginas viradas!

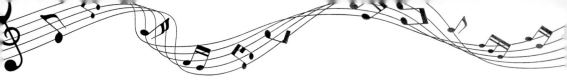

GOTAS DE AMORES

Ninguém impedirá...
Porque meu pai me deu
Pois eu pedi em dor
Gotas de amores teus
Luz na minha escuridão
Céu no meu inferno
Asas que presas espero
Chão que no vale vejo
Dores de solidão é não
Calma no coração é sim
Felicidade é meu coração
Bênção dada por Deus
Presente foi te conhecer
Na luz clara do seu querer
Mesmo que tudo diga não
Vejo-te em meu caminho
Busco-te na minha solidão
Quero teu olhar para mim
E teus abraços sem fim
Louca irei até seu caminho
Sem querer pensar no espinho
Tua luz eterna terei ao pisar
Por onde tenebrosos laços me lancem
Até que teu sim me alcance!

SEMPRE À PARTE

É meu dia novamente
Sinto-me sem mãe e sem filhos
Acabo de ver que nosso único e verdadeiro amigo
Somos nós mesmos e Deus
Como se o destino impedisse a minha felicidade
Vivo sempre à parte
Impedida de viver as coisas mais importantes da minha vida
Mas burra sou de não aproveitar as chances que me surgem
Já nem sei se sou mimada ou guerreira
Aquela que morre lutando pelos seus desejos e verdades
Sempre que consigo algo tem que vir como os outros querem
E eu me submeto
Desta vez eu perdi a chance de ver minha mãe
Porque não concordei em aceitar
O que todos impunham em suas conveniências
E eu humildemente aceitava a esmolinha
É assim que vivo e me sinto
Com raiva de mim mesma
Por não ser capaz de viver do meu próprio sustento
Passei a vida toda vivendo da ilusão do amor
Quando, na verdade, ninguém me amou
E vejo que nem eu mesma me amei
Vou mudar porque Deus me quer feliz!

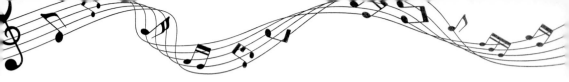

MAGIA DOS MOMENTOS

Fico a pensar
Nas tantas voltas
Que a vida nos prova
Só não sou dona
Sequer do que quero
Os dias me empurram
A magia dos momentos
Trazem-me fantasias
Que enfeitam e se fecham
E eu desentendida
Procuro verdades
Luto em busca
Da paz sonhada
Só acho a culpa adormecida
Que atravessa meu rumo
Meu e de milhares
Que sem saber entender
Morrem se perguntando:
É assim mesmo?
Por quê?

TÉDIO CRIADO

Sou eu e o tempo da dor
Sou eu e a solidão que brota
De dentro pra fora
E agora?
Perguntas se misturam
Com o tédio criado por mim
Culpada me vejo
Apenas sigo
Chegou o tempo do encontro final
Da derrota e do derrotado
Nada mais a fazer
A não ser esperar o tempo passar
Agora sou eu e a dor que criei
Para defender-me dela
E ela se aloja em mim
Assim vivo os dias de édipo
A encontrar meu destino
Só resta vivê-los até o fim
A luz do fim do túnel brilha
E me ilumina a esperança
Quase apagada
E lá me espera o grande amor
Agora espero um novo amanhã!

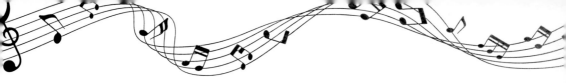

TRISTE REALIDADE

Depois de longo tempo
Vivenciando sonhos reais, devaneios
Acordo à triste realidade
Somos nada para o mundo
Este tão maravilhoso
Transformado em caminhos de espinho
Sendo ele incapaz de nos fazer mal
Pois o ser humano sim
Transforma tudo em calvário
Tudo seria lindo
Se brotasse o sentimento amoroso nas pessoas!

TÃO JOVEM

Hoje só, só pela verdade
Que a vida me mostrou
Só, de ver meu ideal
De uma mulher desfeita
De descobrir
Como um caráter predomina no amor
Decide atitudes, resolve destinos
Hoje só, vendo tudo
Que aprendi sobre você
O que foi para mim
O que é agora para outra
Não que não existiu amor
Mas ele marcado foi
Pelos nossos erros
Eu sei que me dei a você tão jovem
E amarguei todo seu fel preso
Até que chegou o dia
Da sua real verdade
Tudo desfeito entre nós
Todo sonho que nasceu
Do engano, pesadelo
Eu hoje só olho até os ditos santos
Com olhos límpidos
Vejo cada lado, cada atitude
E cada seta do seu verdadeiro caráter
Então descubro, sou só

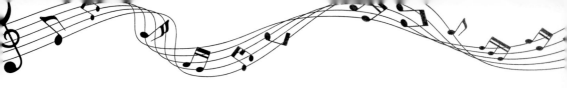

Porque perdi a inocência
Não sonho com anjo e, sim,
Com homens frios, cruéis
Iludidos que sabem amar!

DÚVIDAS

Já é fim, já é começo
Os dias passaram junto com minha paixão
Já é começo, já é o fim do tormento meu
Toda dor se vai e entra a paz
Procuro você e não encontro agora
Dúvidas do seu amor castigam
Por que, cadê você que me despreza ansiosa?
Será tarde daqui a pouco e eu te espero sem dor
A dor funda que sei, terei quando se for
Até agora amadureu meu inseguro pensamento
Já é fim de um ano e começo de um eterno querer
Acostumei-me com os seus quero, não quero, e te espero
Ah, o amor tem seus jogos e encantos
No desencanto costuro meu sentimento!

FAÇO

Nada sei do que faço, do que sinto
Do que quero, do que espero
Nas longas e infinitas horas
Nada vejo, nada almejo
No teu rosto olho e nada vejo
A não ser descaminhos, o desamor
Espinhos no olhar meu
No meu triste coração
No meu sonho vão
Nada quero que não vejo
Vejo sim, o que espero
Apenas vejo um anjo lá distante
Um desejo tão aqui
Tão perto de mim
Um olhar que não conheço
Um pensar que eu não leio
Um gritar que eu só percebo
E não ouço, mas assim eu sou
Na hora que nada faço
No momento que eu busco
E não te acho
No sonho que eu mato
Faço dessas horas minha vida
Meu caminhar, meu desejo desfeito
Meu fim de romance, meu frio no olhar
Mesmo que eu nada veja
Os minutos me serão
Como flores que eu te ofereço!

NEM SEI

Eu nem sei se te mereço
Eu nem sei se tu me amas
Eu nem sei se o devaneio te traz em mim
Eu nem sei se seria nós dois no fim
Se eu te cobriria com meus beijos
Ou se o adeus é tão somente teu
Eu nem sei o que faria se teu amor viesse
Num longo e findo tormento
De te deixar sem te olhar
De caminhar só
De chorar no caminho
De ouvir a vida me dizer
Acorde, pois esse sonho termina aqui
Só sei dizer que valeu
Todo nosso tempo a sonhar
A dizer adeus
A esperar que a vida seja um conto de fadas
Onde a princesa sou eu
E o príncipe, você
Te amo sem te ter!

MERGULHO

Rápido e vago
Doce e tão amargo
Puro e tão louco
Preso e tão solto
Eu e ele, ele e eu
Um no outro
E nenhum em alguém
Rápido e suave
Simples e apressado
Longo e tão profundo
Lindo e tão imundo
É você, amor, que vivo
Que a vida me fez viver
Que eu mesma fiz nascer
Louco insensato, perdido solto
É teu passar, teu chamar
Teu incerto querer
Mas eu doida para amar e me entregar
Mergulho em teu querer
Em teus abraços, em tua ânsia
Rápido, longo e demorado
É teu amor que tão logo passa
E eu em teu silêncio me afasto
Sem dor, sem medo
Sem ânsia de te ter, de te abraçar
De te sentir no peito meu

Como o jovem pássaro
De asas longas, penas brilhantes
Voos tão longos, sonhos tão distantes
Passam eles por mim
E eu, no voo alto, alcanço com meus olhos
Até tocar você no pouso cansado
De um perdido jovem pássaro!

ADEUS

Adeus, sonhos meus
Adeus, sonhos de Deus
De que santo és
De que amor vives
De que Madalena sou
A seguir Jesus estampado
Adeus, buscas vãs
De que amor existe
Não só dor nem solidão
Lá onde vou, só recomeço
Realidade fria, expectativas
Mas no passar dos dias
Viverei o que sou
Fantasias de grandes amores
Que por mim passaram
E no lampejo de um olhar
Vives tão somente
Um sonhar vazio!

MEU PEITO

Te espero sim, dentro do peito
No pensamento, te espero não
Só vejo pedaços de amores
Outros de dores
Dores que ainda terei
Talvez sim, talvez não
Te terei quem sabe Deus
Esperarei sim
Mas dentro eu sei
É ilusão ou frustração
Tudo que mais desejei
Só nesta hora é perfeição
Então me perco no meu dilema
E ela, a vida, dita meu querer
Te quero e te espero
Mesmo sem tua clara verdade
Mesmo com toda saudade
Mesmo tendo seu não
Te espero sem desespero
Te quero sem desgosto
Apenas e tão somente
Em meu peito!

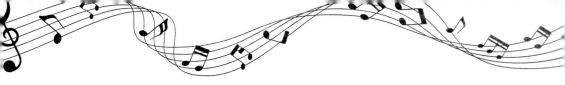

LOGO

Logo e adiante
Distante e tão perto
Tão dentro e tão longe
Tão meu e tão de Deus
Fico eu no meu vazio
No meu desejo
No meu escuro quarto
E no meu claro pensar
No meu profundo querer
E no meu tenebroso sofrer
Teus santos gestos
Abraços de amor cristão
Caridade é tão somente você
Amor pelo irmão
Logo, agora e mais depois
No brilhar de uma manhã de sol
No domingo alegre de passeios
Eu te verei a cantar, a olhar
A fugir, a sofrer
A correr, a partir
A voar dentro do meu corpo sombrio
Até meu corpo aquecer
E teus braços se abrirão
Na certeza do amor querer
No dia certo que meu rei me dará!

VOCÊ

Você me lembra alguém
Você me lembra quem sou
Eu que olho nos teus olhos
Você que olha nos meus, amor!
Você que é tudo e mais um pouco
Você que vejo dentro de mim
Eu que nada sou
Posso me ver em você
Simples como uma flor
Amada como um beija-flor
Querida pelo que sou
Apenas uma mulher a sonhar
A te encontrar
Amor!!!

ESTA SEREI

Esta sou...
A que te ama, a que te chama
A que te acolhe, a que chora por você
Briga pra te ver, foge de você
Lembra do teu querer, pensa em você
Ama tuas vontades, busca tua felicidade
Esta serei...
A que um dia terá teu sim, teu amor sem fim
Tuas horas de amor, teu sorriso só pra mim
Assim, esta sou, serei, eternamente
A que quer ser pra você o bálsamo
O afago, a mão estendida
O respeito às tuas vontades, o amor de verdade
Mas sei que para que eu seja...
Apenas preciso aprender
A ser aquilo que eu sou!

EU TENHO

Eu tenho sim
Uma dor que mora em mim
Prisioneira sou de quem me ama
Ou diz me amar
Eu vivo assim
Olhando os dias passarem
As derrotas são meus troféus
Cada um custou-me o amargor
Das horas tristes e solitárias
Eu tenho sim
Uma esperança guardada
Um sorriso que mostra vida em mim
Como andarilhos à procura do nada
Pago pelos meus erros
Na juventude fui vencedora
Alcancei meus anseios
O que era apenas parte
Da ambição dos que me sugaram
Hoje sou real
Carrego apenas o que restou
Amigos viraram-me as costas
E com um beijo traíram-me
É, este é meu tempo melhor
Vejo a força real que me resta
Carrego a dor em mim
E os sonhos não realizados

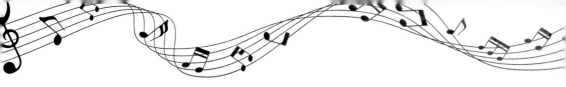

Culpada sou de ser assim
De sonhos fiz meus dias
Enfeitei meu vazio de perdidas fantasias
Como um poeta desejei um amor
Que a vida nunca me permitiu viver
Sentimentos claros saem de mim
Faço da vida uma grande aventura
O que me derem, beberei com prazer
E se me negarem, viverei para me amar!

O QUE É A VIDA

A imaginação nos traz tantas formas!
A ilusão, o medo, criam seres
Jeito de viver
Cores jamais dentro da realidade
Tem tanta coisa que não sabemos!
Porque falta a palavra
O silêncio nos permite imaginar
No entanto, realidade e imaginação são diferenciadas
Chega a hora da verdade
Isso nos choca tanto!
De repente, tudo ficou de cabeça pra baixo
Aquela pessoa não é aquilo
A casa não tem nada a ver com o que pensei achar
Mas é isso viver de um jeito discreto
Mas sempre será melhor
Olhar, falar, tocar e sentir!

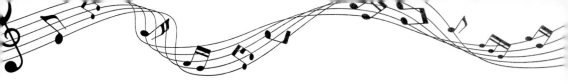

VIAGEM

Na minha cabeça existe um mundo
Existem caminhos e ruas
Para trafegar sem rumo
As manias, o começo e o fim
Terminam sempre na mesma rua
Pra saber nossos caminhos
É preciso caminhar
Não precisa ser sabido
Para entender nosso universo
Basta querer saber sofrer
E aquela ponte da veia louca
Você consegue ultrapassar
E todos os caminhos vão terminar
No mesmo lugar!

TALVEZ SIM, TALVEZ NÃO

O que teria o tempo feito de nós?
Pessoas se resumindo
Em tristeza ou alegria
Já não existe mais o meio-termo
Não existe mais a pausa
É gente rindo ou chorando
Ninguém esperando
Onde foi parar o projeto de vida
Do menino de ontem?
Será que os pais desfizeram?
Negando o futuro sonhado
Ao filho perdido agora?
Ou talvez o mundo de hoje
Nos escraviza ao nada
Já não existem realizados
Seriam os pais ou o país o culpado?

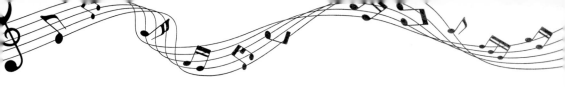

AMOR OU IMAGINAÇÃO

É tão lindo, parece imaginação!
Tão claro como dia
Completo, real e imaginário
Amizade é também parte desse encanto
Nascido do que um dia achei sonho
Só sei que é realidade
Teu olhar e te ver em mim
Sem saber se te escondes
Da distante palavra "adeus"
Continuo eu a te seguir
Como quem segue a lua em noite escura
Por medo da vaga solidão
Eu escolhi não te esquecer
Até que o vento me leve
Aonde o destino quer
Serei sua amiga
Isso já me fez feliz!

SEMENTE

O telefone não toca
E eu de cá pra lá, perambulo
Tua voz linda é minha alegria de viver
Te achei feito semente
A brotar entre adubos que a vida joga
Tão verde e cheia de vida lá crescia
Te encontrei e desejei colher-te
Em vaso de barro
Cuidar-te com o amor que o ser carece
Mas tão difícil está seu crescimento
Já te vejo como árvores que dão flores
E eu descanso aos seus pés
Mas triste é a espera
Cada dia te cuido
Amo-te mais e mais
Porém vejo tantas querendo sua sombra
Egoísta me torno de tanto amor
Penso em esquecer-te
E jogar-te outra vez em seu mundo
Mas sei que sua semente feliz se perderá
Ou não, quem sabe?
O telefone toca mais tarde
É a semente pedindo alimento
Água, vento, sombra e sol
E eu apaixonada por sua beleza
Espero seu amanhã frondoso
Onde seremos um só a descansar!

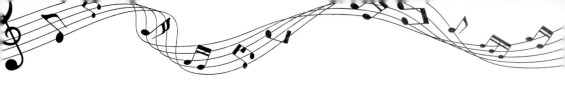

TALVEZ

Fonte que jorra no deserto do meu viver
Assim é quem só me olha de longe
Distante e tão perto
Confuso e perdido
Desejoso e preso aos preconceitos
Para mim tanto maior será viver
Para um dia sequer te poder tocar
O amor não é fogo que arde apenas
Mas fogo que queima
Fonte que nasce da esperança
É o amor do meu vazio
Se assim nasci somente para vencer
Quem sabe, talvez um dia
Idade, beleza, poses, motivos
Que se usam para querer
Sem saber onde está o doce encanto de um encontro
Amor que se tornou prazer de instantes
Vejo pessoas se afastando
Por tão pouco sentir
E eu aqui
Nada mais que uma perdida fonte
Querendo desaguar no mar!

TÃO DOCE

Minha essência, meu ser, meu além
Tão doce, tão amargo, tão complexo
Amor puro, frágil
Vício que domina
Amor encanto, afago, encontro
Palavras, atos, mãos, voz
Falas, idas, vindas, doces horas
Como te explicar?
Se em cada olhar não te encontro
Mas, sim, em mim
Ou no seu passar aqui
Amor é pedaço de lembrança do outro
Que eu senti ainda criança
Em um o olhar, em outro o falar
Em todos o aceitar
Portanto amor é encantar
É achar lindo, é encontrar-se
É aquilo que um dia se perdeu!

COMEÇO

Começo é hoje, tão dolorido
Primeiro do ano, solitária convicta
Luzes de fogos, dança na praça,
Olhares em mim
Eu tão feliz, alegria mostrava
Rapazes diziam: "Tão bela és, e feliz"
Mas só lá, pois aqui, eu e talvez tantas
Abraçavam o travesseiro
Já nem sei se é começo
Ou fim de amores
Sonhos acordados, dores adiadas
Começo sempre será depois do fim
Fim do seu falso querer
Que hoje é começo de um novo querer!

VOA ESPÍRITO

Voa, espírito, voa
Pois meu corpo preso está
Voa pensar, voa imaginar
Pois o corpo parado está
Como castigo da carne
A vida assim age
Determina, manda
Mas tu, espírito
Que em nós é pensar
Livre está
Voe para o infinito
Onde a tua morada existe lá
Eu aqui, tu a voar
Livre, solto és
E a vida a te atormentar
Neste mundo a dominar
Isso pode, aquilo não
Mas voa, espírito
Minha luz te guia
Meu bem maior te guarda
Meu Deus em mim!

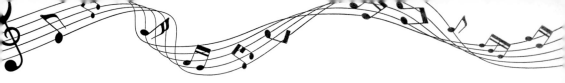

GOTINHA

Sofia...
Hoje é seu dia!
Sofia, minha flor
Gota que saiu de mim
Beleza da natureza
Olhar que sente ao ver
Vontade se faz nascer
Coragem para querer
Isso que sinto é você
Minha menina
Tão pequenina
Tão linda e querida
A desabrochar como uma flor
Isso é tão somente você
Meu amor!

DEUS EM MIM

Bem aqui, eu pedi
Quero você, quero teu querer
Bem aqui, eu estou
Sem você que eu pedi
Bem aqui, agora estou
Sem você, sem seu amor
Sem seu olhar, sem seu querer
Sem ter por que viver
Sem ter seu sim
Seu querer sem fim
Sem sua mão a me tocar
Sem você para sonhar
Bem eu aqui, agora estou
Sem nada, sem ninguém
Sem carinho, sem teu olhar
Sem coisas e sem nada a esperar
Pois bem aqui eu aprendi
Que dentro de mim apenas eu
Ele, Deus, que eu descobri em mim
Lá dentro, no meu melhor
No meu sorrir, no meu alcançar
Na minha força a buscar
No meu momento frágil
Nas minhas dores
Na solidão humana
Na descoberta de mim

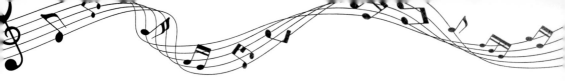

Bem aqui, agora estou
Comigo sem mim
Contigo sem fim
Com amigos que passam
Com o sol que nem sempre nasce
Mas nada, nem ninguém, será por mim
Só ele que vi
Quanto existe lá dentro de mim
Deus!!!

LOGO

Logo e adiante, distante e tão perto
Tão dentro e tão longe
Tão meu e tão de Deus
Fico eu no meu vazio
No meu desejo
No meu escuro quarto
E no meu claro pensar
No meu profundo querer
E no meu tenebroso sofrer
Teus santos gestos
Abraços de amor cristão
Caridade é tão somente você
Amor pelo irmão
Logo, agora e mais depois
No brilhar de uma manhã de sol
No domingo alegre de passeios
Eu te verei a cantar, a olhar
A fugir, a sofrer, a correr, a partir
A voar dentro do meu corpo sombrio
Até meu corpo aquecer
E teus braços se abrirão
Na certeza do amor querer
No dia certo que meu rei me dará!

TODOS

Elas não têm, falta algo
Falta amor, falta sentir, amar, refletir
Eles também não têm
Nasceram sem
Ai de mim, ai de nós, ai deles e delas
Dos que habitam na Terra
Terra de tantos e de ninguém
Ai daqueles que buscam nelas
Naquelas, naqueles
O amor nas madrugadas
Os sonhos na terceira idade
Aqui, hoje, vejo
Cada um dá aquilo que tem dentro
E lá não sei se há
Se acho sentimento
Se vejo formas, jeitos e modos
Modos de amar, medos de dar sem magoar
O que será do amor?
Se elas, as pessoas
Eles, os homens da face da Terra
Já não conseguem mais sentir!

QUEM SOU?

Nas horas amargas
De uma certeza que se perde
Tentando me achar, eu viajo
Luto em busca da verdade do que sou
A dor me faz pensar nas tantas opiniões
Sobre o que é realmente viver em paz
Se tudo que queremos não temos
E é tão pouco
É só ser feliz e nada mais
Amar, querer às vezes
Até Deus condena
Será que o mistério que nos envolve
Também nos faz seres perdidos?
Se há tanta certeza do bem
Por que somos tão confusos?
Há tantas perguntas a serem feitas
Por que sei tanto às vezes
E me perco por tão pouco?
Assim eu vivo
Só pra me estudar
Apenas!

CURTO MOMENTO

Só nós
Perdidos no erro
À procura do nada
Buscando caminhos
Perdidos sem estrada
Só eu
Andando a esmo
Vendo-me tão só
Procurando consertos
Por um jeito de ser feliz
Na dor, no amor
Na euforia de um curto prazer
Eu descobri você
Que me faz mulher
Sem pensar no pecado
No preço amargo a pagar
Só nós mesmos amamos
Amargamos
Isso é viver!

DIFERENÇAS

Eu não sei se você sabe o que eu sei
Quando você me olha assim me confunde
Chego a me perder por instantes
Sinto nos seus olhos a minha luz se apagar
Vejo toda minha sabedoria esvair-se
Num pranto confuso
E eu, como criança
Sinto só vontade de ficar comigo
Pra me achar
E eu te amo tanto
E não sei falar
Quando falei da vida
Encantei alguns, assustei tantos
Como se não fosse eu mesma
A vítima desse espanto
Que posso fazer para continuar
A ser o que sou?
Sabendo que estou só
Para acreditar em mim
E assim viver como sou!

SER COMPLEXO

Amigo, será que existe?
Amado sem condicionamentos
Por que a ti nos entregamos como se fôssemos um só?
Amigos, buscamos até achar na certeza de encontrar
Passam o tempo e as dores que guardamos
Perdão, mais uma diante das imperfeições
Sabendo que o ser humano é ser complexo
Ainda assim teimando em encontrar
Quem só poderá estar em nós
Pois sabemos não existir tal lealdade lá fora
Ser que aqui veio no mesmo tempo que nós
Viajantes da mesma cidade
Tomamos o mesmo avião
Quem sabe se vamos juntos a Deus
Porém companheiros
Tantos cuidados ao te fazer confidências
Só existe uma forma mágica de te achar
Simplesmente ao longo da imperfeição humana
Perder-te!

ESTA SOU EU

Esta sou eu, alguém que cheia de mágoa devolve amor
Esta sou eu, parada, pensante, cheia de calor de amor
Esta sou eu, mal falada e muito amada e sempre só
Esta sou eu, caminhante em busca de pequenas ilusões
Esta sou eu, diferente de tantas no sentimento e na dor
Esta sou eu, pedindo socorro ao Espírito Santo
Resignada, passo a vida que posso levar adiante
Esta sou eu, incapaz de dar adeus até a quem me volta o rosto
Onde está minha sorte?
Quero mudar meu rumo, só eu sei pensar a vida
Esta sou eu, paralisada diante do ato e pensando como poucos
Onde encontrar Deus? Será que mora em mim?
Como Cristo dando a face do outro lado, não sou
Sou humana e calma diante da dor, mas dura diante do desamor
Esta sou eu, saída de pais odiosos e irmãos ignorantes
Como ser especial?
Esta sou eu, enraizada de amores ingratos
Sou alguém assim, esta sou agora
Mas amanhã, um dia no futuro, serei outra?

SEM RUMO CERTO

Agora, diante de tão inexplicável existência
Passo os dias que a vida me traz
Sem rumo certo a seguir
E com o peito vazio e inseguro passo
A que vim, se não acho o caminho certo?
Ânsia profunda meu ser
Quero amar, só isso eu sei fazer
Mas como, se não se acha quem queira?
Onde anda meu foco iluminado agora?
Será que pensa em mim como eu em ti?
Deus, fique comigo!

ANO QUE VIRÁ

Ano novo, vida repetida
De tantas amargas horas
Há 32 anos vividos
De um sonho que não consigo acordar
Sonho que outra forma de vida acho existir
Na casa que me aguarda
Por que será que somos assim
Tão perdidos de momentos de dor?
Ano novo, vida, quem sabe nova me espera
Quero me encontrar acordada
Desde o dia em que de casa saí, vivo assim
Sonhando num pesadelo comodismo
Tenho tanto medo de não ser capaz
De me ver só, num lugar
Mas tenho que ir
Ao encontro de mim mesma
Neste ano, quero descansar como Deus
Olhar para trás e ver
As luzes que acendi
A cada tormento superado
Quero ver a roda-gigante brilhando
E eles lá no alto
A sorrirem de felicidade
Mas quero encontrar-me
Com minha simplicidade
Viverei como adolescente

Que largou sua realidade
Na busca de uma diversão
Sem saber que adormecerá
Num longo e difícil pesadelo
Mas teve também sonhos bons
Com doce sabor de filha bem alimentada
Chorarei a falta do pai que eu idealizei
E que todos os meus caprichos atenderam
Porém, como no sonho
Nada ocupa o lugar de regra
Não posso continuar a ser a filha
De quem anos fui mulher
Já é ano novo amanhã
Hoje, no último dia
Eu deixo a Deus meu pedido
Que os santos divinos
Nos tragam proteção vinda do Criador
Que minha vida mude
Quero ser uma mulher feliz no amor
E respeitada como exatamente sou
Obrigada, senhor!

SOMENTE VOCÊ

Somente vocês têm o que eu quero
Somente você tem o que preciso
Somente você é o que eu sou
Triste, solitário, mas cheio de amor
Somente vocês, de Deus, veem-me como sou
Somente você, mais alguém quando se for
Eu vivo assim meus dias de amor
Na triste história do que eu sou
Eu te enxergo lá na alma
Alma tão igual à minha
Destino traçado por Deus
Sofrer sem querer saber por quê
Somente você me vê como desejo
Ainda que nosso olhar seja a única esperança
Viveremos dias livres desta alma cheia de dor
Se ter estampado "Jesus é dor"
Quero, então, doer junto a você!

LIVRE PENSAR

Trinta anos de sofrimento
E alguns a mais de conhecimento
Acho que sofrer é opcional
Pois sempre haverá saída
Ao alcance de nós há caminhos
Que eu prossigo sem atalhos
Nos tantos coices aprendo
Que a vida é dura e cheia de tormento
Parada como uma pedra presa
Suporto o sol, o vento e a chuva
Como tantas dores que já passei
Mas Cristo é meu conforto
Assim vivo por Ele a seguir
Quem sabe como um ser normal
Espero achar-te no meu interior como Deus
Vivo anos de uma pesada carga sobre os ombros
Ah, como é linda a vida
De uma insistente sonhadora!
Assim faz sua opção de vida
Alegro-me ao saber quem sou
Inteira e livre como um pássaro
Ainda que apenas no meu pensamento!

ONTEM VI VOCÊ

Quem tu és não sei
Eu já nem quero olhar para trás
Mas te ver ainda dói
Quem é você?
Acho que os anos apagaram meu olhar
Perco-me em tantas dúvidas
Como saber o que se passa em seu caráter?
Vejo tantas setas sem rumo
Horas de ternura, horas de amargura
Mas sinto o que me faz sentir
Dor, desilusão, mistério
Tudo seria tão melhor
Se a verdade fosse dita
Assim vivo a olhar o futuro
De inseguras horas
Ou quem sabe de doces momentos
Mas espero que você se apague no tempo
Que passa como fumaça
Sinto tanto ter meus sonhos
Em pesadelos ao seu lado
No entanto somos como sentimos
Sentimentos tão sem importância
Mas sendo eles a guiar nosso viver
Se triste, por querer e não ter
Sentimentos maus
Se feliz, ao realizar nossos desejos

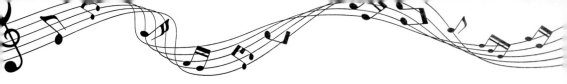

Sentimentos bons
Olhar bom, falar bem
Sentir no outro o acolher
Agora o que fazer de meus
Tão dolorosos sentimentos
E do seu fugir de me querer?

OBJETO DO DESEJO

Seu sorriso era claro
Sem deixar transparência de nãos
Seu olhar era de susto
Ou de ânsia, de solidão
Seu pisar era de firmeza
De segurança, de proteção
Suas palavras eram de incertezas
Nos tantos medos guardados
No seu horizonte havia esperança
De sonhos de amor alcançar
No seu passado só marcas
Que suas lembranças queriam apagar
No seu agora nem sei
Se parado sonha, se deseja
Se tem amor no peito
Já nem sei se em seu sorriso me acho
Se no seu olhar me vejo
No seu pisar firme sou segura
Mas vejo no futuro um grande momento
Onde sem saber a qual amar
Mas deixando a fonte de amor em mim
Continuar a jorrar!

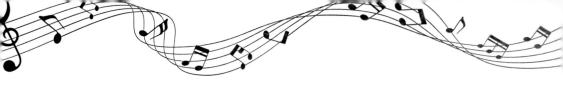

DESÂNIMO

Sentada no banco da praça
Com braços jogados de lado
Cansaço nos olhos, desânimo
Por que, se a cor se acha mais forte
Na flor que abre no campo
Na dor quando fui mulher que ama?
Por que, se tantos vagam perdidos
No doce pensar de um desejo
Se almejo a boca dar-te
E aos meus lábios anseia?
Por que, se a mão te estendo ao abraço
Se o meu querer se embriaga ao ver-te de longe?
É para mim?
Que assim seja como se o rio corresse
Onde seu destino se acha
E eu na esperança vã de que algo me tome
Me leve ao que me alegra
E me ache como a flor mais bela
Pra que, se tudo o tempo desmancha?
Sonhos se tornam realidade
Esta, que é para todos
Dormir e acordar sem aquele
Que é como um rio de águas mansas?

DOCE AMOR

Onde estás, que em mim só dor?
Doce olhar guardado em mim
Com ânsia ao não te ver
Doce ser que Deus criou pra si
Doces lembranças de pura felicidade
De ver que tão doce ser não é sonho
Sim querer, quero seu doce olhar
Sua pressa de amar, seu silêncio no ar
Vejo tão longe você; onde está?
Quem sabe a correr, a vagar, a sofrer, a chorar
Chorar pra que, por que
Se é doce o seu jeito de amar?
Basta dizer: "Quero"
E tantos corações dirão sim
Pois nascestes encantado
Perfeito como anjo iluminado
Que faz chorar de tanto admirá-lo
Doce é seu sentir, seu falar
Seu fugir, seu caminhar
Triste será acordar e ver
Que os pássaros tão suaves voam
Para apenas fugir!

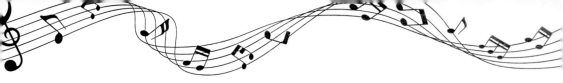

ACHO

Que te amei tanto
Que se esvaiu em dor e distância
Acho que te quis tanto
Que na garganta sufoquei meu pranto
Acho que agora, só
Perdida na estrada da minha ilusão
Estou a chorar o que sonhei
De tantos desenganos amarguei
Acho que busquei nas fantasias
O amor que em ti não encontrei
Chorei ao ir tão longe
Em suplicar tanto teu querer
E esperar teu não
Acho, não, tenho certeza de que
Já nem posso saber o que sou no amor
De tantos nãos, sequei meu coração
Agora nesta hora sou apenas isto
Resto do amor que mendiguei!

CABOCLO MORENO

Cansada estrela habita o céu
Não dos tantos astros
Sim dos poucos olhares
Como fada e sua vara de condão
A alcançar os sonhos dela
Cansada de ser intocada
Vista como estrela no céu
Admirada como artista
E como tal, no fim da tarde solitária
Quero ser como as simples mulheres
Achar seus pares, criar seus filhos
Acordar entre os braços de um caboclo moreno
E tão simples como a vida que ele faz
Cansada de ser estrela
No céu frio do coração dele a perguntar:
Até quando serei tão diferente?

TE QUERO

Pele morena, rosto calado
Olhos esverdeados, passos firmes
Mãos competentes, braços amarrados
Coração dolorido, peito que sangra
Dor de solidão, paixão contida
Espera em vão de coragem ter
Falta coragem, coragem de ser
De ter, de abraçar, de falar te amo
Falta o primeiro toque
O primeiro beijo, o primeiro passo
Te quero, te espero
Antes que o meu vulcão adormeça
Mais uma vez
Até quem sabe um dia
Alguém possa até ele chegar
Num longo beijo!

TEU CORPO NO MEU OLHAR

Quero você
Tão na ânsia, te conhecer
Olhar teu rosto, beijar tua boca
E só então me enfadar
Correr pra mim, ficar comigo
Até outro mais belo encontrar
Quero sempre mais e mais
Como menina te conhecer
Correr teu corpo no meu olhar
Viver momentos de louco prazer
Assim viajo em cada espera
De que eu possa me encontrar
Mas como, se quero perder-te e te encontrar?
Só a mim vejo então feliz
Até quando ele por mim passar
Viajo no porquê dessa confusa busca
E vejo duas vontades opostas brigando em mim
Preciso saber quando quis
E me ensinaram que não
Só então aí verei o que mais quero
Ter você eternamente
No doce sorriso do meu rosto!

UM DIA DEPOIS

Hoje depois de ontem
Ainda sou puro sentir
Puro pensar, puro agir
Hoje antes do amanhã
Nada sei
Só sei que hoje pensei
Olhei teu jeito
Tão sem jeito
Tão distante e tão juntinho
Juntinho do meu peito
Mas tão logo a vida chama
Eu hoje só ficarei
Ficarei sem teu jeitinho
Sem teu distante querer
Sem tua presença
Hoje depois do ontem
Antes do amanhã
Que já nem sei se amargarei
Só sei que olho nos teus olhos, tua fala
Tuas idas, tuas vindas, teu sumiço
Tua, que era minha vontade,
Teu caminhar sem rumo
Que diz: "Acho melhor não mergulhar"
E apenas te olhar
Mais um dia depois!

Maria Fatima de Castro

VOAR SEM CÉU

Hoje irei te ver,
Irei te olhar
Irei sorrir
Depois chorar
Amanhã eu sou amada
Eu sou admirada
Isso viverei
Meus passos serão apenas cansaço
De viver sem chão
De voar sem céu
De amar em vão
Amanhã serei mais eu
Verei meu sonho desfeito
Para uma realidade feliz alcançar
Ainda que tudo se perca
No frio de um olhar
No triste caminho de uma vida
Não perderei o que sou
Aquela que tanto amor despertou
Mesmo em corações
Tão prisioneiros como o meu!

TE ESPERO

Sou solitária, mas te guardo em mim
Te aguardo em cada dor, te espero sem ânsia de amor
Sou solitária sem teu sim, sem ver meu fim
Sem olhar a mágoa com olhos no amanhã
Por horas de tristes lembranças
Sou de braços abertos a ti, a querer-te feliz
Quieta no assento, te olho
E espero teu abraço de mulher que ama
E eu só caminho, olhos no vazio que escolhi
Quando confusa do amor que quero
Do não que sempre espero
Quero te ver feliz
Ao lado daquela
Que Cristo te deu por mulher!

FAZ DE CONTA

Se uns vêm pra sofrer
Outros vêm pra festejar
Faça de conta que és feliz
Ponha-se pra lutar
Por você que quis viver
Finja que tudo vai bem
Ria sempre na festa alheia
Abrace a dor
Aceitando por segundos
Passe naquela rua sem nome
Que vai dar na mesma festa do mundo
Que vamos todos juntos caminhar!

RECADO

O que fiz eu
O que fez você
Pra que o mundo
Nos pusesse pra correr?
Eu só vim pra dar o recado
Do velho lá de cima
E você?
Se achamos tudo errado
Não pisamos no cimento armado
Não pedimos pra sofrer
Tampouco pra nascer
Mais parece que caímos
De gaiatos nessa barra
Entre nessa com a gente
Unindo nossas forças
Voltaremos vencedores
Erguendo nossa taça
Na reta da chegada!

AMOR E MÁGOA

Amor...
Doce palavra
Sonho em vão
Que a vida alimenta
Que o mundo afugenta
Sem querer saber a razão
Amor...
Que enfeita a vida
Mas fere a alma
Pedindo sem medo
Querendo tão cedo
Que a luz não se apague
Pro mundo brilhar!

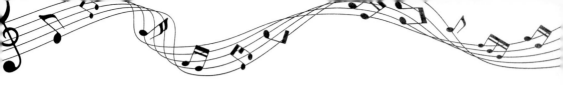

ALGUÉM COMO TANTOS

Pequena estranha
Traços que falam
Lábios confusos
Tímida por consequência
Clara de pele e luz
Assim é quem te faz poesia
Perdendo-se, escondendo-se
Alguém que fala verdades
Olhando-se só vê os de fora
Lavando tua mágoa implora
Ser feliz sem ser figura
Ter valor no que é melhor
Ser amada pela alma
Enfim, somos todos iguais!

SER QUE DIZ NÃO

Eu amo esse ser que diz não
Que num rosto frio diz: "Pare"
Amo seu jeito sem jeito
De me dizer: "Amo você"
Amo seu olhar vago
Sua firmeza sem fraqueza
Amo você não me amar
Não me querer
Eu amo você sem melados
Sem doces mãos a me tocar
Amo não ser sua por mentiras
Amo vê-lo sair e voltar
Amo saber que ali está
Amo saber que nada me dá
Mas enganos jamais
Amo saber que esse seu equilíbrio
Faz-me forte, Faz-me capaz de ser só
De não chorar num adeus
De dizer sim
Ou às vezes saber dizer não!

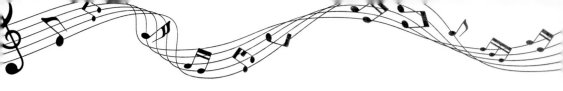

VAZIA

Dores do que sou, do que não fui
Do que ainda serei, eu sei
Vago do espaço largo, do lar sem afago
Perdas ao longo da caminhada
Só e sem alguém do lado
Portanto com tantos dentro
Tantos nãos se escutam os que buscam
Olhos no espaço imenso do universo
Pessoas e mais alguns, gente
São poucos a se entregarem
Mil ou mais sem sentido
Perdidos, sós e felizes quem sabe
Eu e outras, banidas como ninhada
De fêmeas cadelas
No cio, quem sabe
Procuradas e cobertas por cães
Cães sim, são homens sem coração
Como tais em seus canis
Latem por suas senhoras
Dores de poucos amores
De solidão, de rejeição!

PARA ALGUÉM ESPECIAL

Se a vida te trouxer a dor de alguém
Esse alguém já faz parte dela agora
Se a dor de alguém te ferir o ombro
Diga adeus antes mesmo
Que essa dor te fira a alma
Saiba olhar a dor de fora
Estenda a mão e diga sim
Ame logo sem demora
Que a dor de alguém vai logo embora.

PÁSSARO ENCANTADO

Que voa longe a orar
Pássaro de asas multicores
De alma bondosa, de olhar santo
Onde vives a voar
Pássaro que por mim passou
Como o raio de um arco-íris
Hoje longe, vives a voar
Eu aqui tão encolhida a te esperar
Que Deus exista e me dê o teu amor
No milagre prometido
No acordar de um momento
Ele, pássaro a voar
A pousar em minha árvore
No alto da montanha
Lá onde a casa será erguida
Para minha vida passar
Pássaro mensageiro do senhor
Louva com teu cantar
Voe com teu querer, a fugir
Ame apenas ao passar
Mas ame aos que clamam por ti
Ai, pássaro encantado
Lembra-te de mim
Que triste ando por ti
A espera do seu regressar
Lá no céu Deus nos vê

E me leva até ti
Nas lembranças do meu querer
E tu, pássaro, continua teu caminho no ar
O vento sopra tuas asas que frágeis batem no ar
Pedindo descanso, tremem
Mas tu, pássaro, quer voar
Voar, voar até alcançar teu sonho
E eu choro por te querer apenas no olhar!

APENAS HOJE

Tenho hoje apenas a mim
E sei que te ver, amor
Será sempre a sonhar
Tenho agora meu chão
Meu lar, meu momento não
Meu mergulho profundo a me afogar
Sei que hoje tenho a dura realidade
Meu tempo olhando dentro
Dentro de cada sentimento
Este tão vago, tão distante
Como na beira de um rio a se banhar
Hoje vivo a te olhar de longe
A te querer distante
Distante do prazer
Que faz hoje doer
Distante da dor
Que tu me mostrou
Não o que idealizei
Mas tão só dura verdade
Jamais amor em um de nós dois, foi!

FOLHAS AO VENTO

Hoje passei, não te vi
Lamentei tuas folhas não ver
Tuas folhas secas cair
E o vento levar
No espaço onde você estava
Só o céu a brilhar
Tornei a pensar em teus galhos abertos
Num só abraço teus troncos firmes
Sua altivez na curva da estrada
Imaginei-te em mãos cortadas
Já não bastava viver na sequidão
Agora ambiciosos te querem queimar
Pensei no que é a vida em nós
Flores e frutos damos sem cobrar
E o final e a sequidão, o fogo a queimar
Olhei para trás e não te vi
Mas tornei olhar e vi seu resto de vida cortada
No toco de um tronco
Vi suas folhas brotarem
E a raiz, seu ciclo de vida recomeçar!

PRIMEIRA POESIA

Quem me dera ser um pássaro
Riscando o céu de um arco-íris
Feito de amores tão perfeito
Poder dizer ao mundo
Que tudo se fez simples
E claro com o dia de sol
Nascer sabendo viver e compreender
O porquê de cada detalhe
Fazer da vida a mais bela
E fácil caminhada
Antes que as pedras estejam no caminho
Poder sentir o real valor
De cada gota d'agua que cai
Porém sou raiz de uma longa história
Que tudo sabe e tudo sente
À procura de acertar sempre!

VENTO E SOLIDÃO

O vento que sopra em meu rosto, assanha
Meus cabelos, refresca meu corpo!
Vento que não alcança
Meu peito, minha solidão
Há vento que é vida
Por que passa tão depressa por mim?
Assim como as flores também
Sentem seu frescor
E elas sabem esperar a chuva cair
Molhar seus galhos
Matar sua sede
Do nosso olhar encantado
O vento passa por mim
Na longa estrada da vida
La vou eu e o tempo da solidão
Esperando o vento fresco em meu rosto
Em meu corpo, na minha alma acalmar
A minha solidão até meu fim!

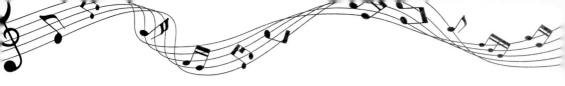

BALADA DE UM ANJO

Dorme o anjo e o amor eterno
No silêncio embala uma canção
Tão linda como teu findo sorriso
Faz as palavras na forma
Do berço que adormece
Fica o sono eterno
A expressar o silêncio
Do canto pássaro no findo voo
Alcançou o arco-íris
Com asas da imaginação
Dorme embalado
Pelo som de uma canção imaginária
Do seu viver entre espinhos
Oferecia rosas que choravam
Dorme a história
Embala o sono uma canção imaginária
E o anjo se cala!

TEU ABISMO

Mergulhei em salto de trapézio
No abismo do teu ser
Te olhei sem pensar
Na loucura que é você
Como um salto para a morte
Cai de pé até de amor por ti morrer
No mergulho fiz loucuras
Entre medos e incertezas
Do meu fim ali viver
Como o amor e a coragem
Meu mergulho inevitável
Me ensinaram o que é sofrer
E no salto da vida
Dores e amores sem fugir
É abismos, loucuras
Que vamos por amor, viver!

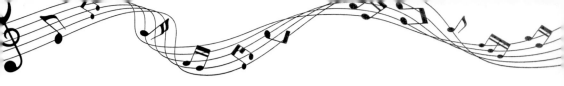

COLO QUENTE

No teu colo quente
Eu pequenino sou gigante
Calma tu me traz em braços firmes
Eu como um passarinho
Em teu ninho me aconchego
E o mundo fica leve feito brinquedo
Parque de diversão
Teus braços a me balançarem
E eu menino tão pequenino
Me agarro no teu corpo frágil,
Mas tão forte a me carregar
Assim como Maria, mãe de Deus,
Tu, ó minha mãe guardar-te-ei
Pra sempre em meu sentir
Na vida que viverei
Ah, quem me dera!
Menino eu seria
Até meus dias findarem
E no teu colo quente
Carregarei a saudade de ti
Minha mãe!

MINHA FLOR

No seu sono
Sua história escrita está
Sua dor a recordar
Fostes a história mais bela
O rosto mais lindo
A alma a brilhar
No caminhar subia escadas
Ruas e avenidas
Corria para lá e para cá
Até que sua glória fostes buscar
Passou dias de alegria
Que você menina construiu
E como sentisse a sua partida
Fez da vida, correria!
Posso te ver hoje dormindo
O sono que precisava
E que aqui não tinha
Mas a saudade de te ver sorrindo
Correndo, brincando em mim
Irá se eternizar!

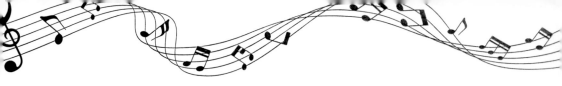

DOR

Por que choras tu, mulher?
Se na distância, paz
No agir da vida, lutas
Por que carrega dores que não viveu?
Se antes tu, mulher, fugia
Agora tarde demais
O véu foi rasgado
É só dor da saudade
Eu aqui mais nada posso
A não ser orar por ti
Já não tenho lágrimas
Que derramei dores que senti
E no nada vivo eu
Talvez um dia nós veremos
Se ele, o Criador, nos despertar
Mas até lá te peço
Sejas tu, mulher, a mais feliz
Mesmo diante da tua dor!

MORENINHA BELA

Lá está ela
A moreninha mais bela
Que hoje, vive triste a chorar
Seus dias de menina feliz a dançar
Lá, encolhida feita de lembranças amargas
Ela, a moreninha mais bela
Encolhida está
Acorda moreninha mais bela
Porque a vida lá fora a espera
E como uma valsa
Suave convida-a dançar
Dizendo: "Não deixe a dor te levar"
Você, moreninha bela
Ainda é a menina
Que com alegria a guardar no peito
Saudades do que foi
E sempre será!

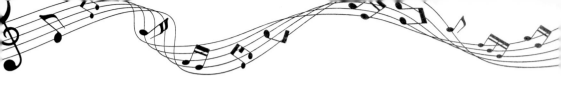

AUSÊNCIA

Ai, como dói meu peito sem você
Importância pra quê?
Se meu coração, este mora vazio
Seu amor era falso
Como um dia escuro
Em dias chuvosos por instantes
Triste como pedras pisadas
Por cavalos a galopes
Sua fala mansa dizia
Tudo que eu não via
Lá no fundo do seu ser
Mas ainda assim
Como dói sua ausência!
Acho que nascemos para viver de pares
Mas tudo em nós ligado está
As mãos ao afagar
Os pés a nos levar
Os olhos a te olhar
Mas a triste e cruel realidade
É que tristes seremos
Ao sairmos do ventre
Pois lá estava quente
Como berço em cobertores
Tudo a dizer a saudade de você

Você, que se foi ao mandado de Deus
E você que eu, num um triste despertar
Abri a porta e te mandei sair
Até quem sabe, meu coração
A porta se abrir!

MEU VULCÃO

Eu tenho sim
Um vulcão dentro de mim
Chamado amor
Amor que entra sempre em erupção
Transborda e lavas derretem
A cada amor realizado
A cada olhar em chamas
Em cada momento
Eu tenho, sim
Marcas do fogo deixado
Ao ser queimado
Ao suportar o adeus
Quando tudo acabado
Amor que a vida traz
Transforma vidas
Calor faz nascer
Jardins floridos
Dentro de nós
Mas quando destruído
Só nos restam cinzas
Que escorrem como lavas de um vulcão
Saídas de nosso frágil coração!

DIAS FINDOS

Eu sou a dor em pé
Coberto o corpo em carne e dor!
Eu sou puro amor
Eu tenho os dias findos
Em rugas secas
Os dias passam chuvosos
Outros extremo calor
Estes que mais parecem com seu amor
Horas te tenho
Outras, dessabores
Tudo igual, tempos, desejo
Sonhos guardados em você!

RUBI

Joguei lá fora o rubi
Que minhas mãos enfeitavam
E hoje nuas ficaram
Lá no caminho, ele agora brilha em outras mãos
Já que sua beleza, cor de sangue, atrai olhares
E futuras dores também
E ele joia, será jogado em mãos sedentas
Mas que irão jogá-lo uma hora
Nos próximos e desejosos olhares
Onde a pedra preciosa é guardada triste e solitária
Ou viverá, então, de mãos em mãos!

SOLITÁRIO TEIMOSO

As paredes são frias
Como o desafeto que a vida traz
O silêncio é como o final da casa calhada
Horas de poucas lembranças
Ilusões, outras amarguradas
Do seu chegar sorrindo
Gritando, amor cheguei!
Lá fora meus passos me levam
Para meu corpo agradar
Vejo o mato verde
Crescendo sem pedir espaço
A braquiária verde sorri
Diante das chuvas bravas
Ela, assim como um solitário teimoso
Persiste verde e cheirosa
As montanhas já não estão mais secas
Como nosso adeus
Elas lá estão entre sol e tempestade
A nos dizer: "Sejam na vida como eu sou!"

CEDRO FORTE

Ele se foi porque eu mandei
É como uma raiz
Que sustenta o cedro forte que o arranquei
Eu, como uma grande árvore tombei
Mas logo pensei que as flores
Os pardais já levaram para longe
Sua sementeira já não mais existia
Então vi tombar seus galhos
Antes mesmo que tudo acabasse
Eu te fiz sair
Mesmo te vendo como minha raiz
Entreguei-te às feras
Que famintas já te devoraram
E tu, mesmo preso a mim
Em outros braços se entregava
Adeus!

TRAIÇÃO

Como é triste ver você me trair
Penso na vida de uma planta
Porque tão pura é
Mas seca e cai
São frutos e flores
Cheiros e alegrias em nosso olhar
Mas seu triste fim e a sequidão
No ar, no ar
Pensei então na morte
Essa, que ninguém quer imaginar
Mas a única verdade que resta
Iremos com ela encontrar
Aí pensei na falsidade
Eu vi que ela
Como as folhas que secas caem
Caem sem destino
E nosso triste adeus
Num acenar de mãos e lágrimas
Que terminam ali nossa linda história
Em ver você num triste adeus!

PERAMBULANDO

Eu passo e vejo tudo parado
Penso nas pessoas trancadas dentro de casa
O que fazem elas lá, se nem um sorriso sabem dar?
E vejo no que sente
Nas ruas das grandes cidades
Só pobres e famintos
Sujos embriagados a perambular
No corpo só marcas dos latões de lixo
A matar a fome
Essa, que não é apenas de alimento
Mas de aconchego familiar
Suas horas que o destino marcou
Até um dia cerrados seus olhos no adeus às ruas
Sem o seu olhar!

MINHA TERRA

As ruas estão vazias
E eu caminho apressada
Somente o vento por companhia
O sino ecoava na igreja suave
Mais adiante a procissão
Com a banda a tocar
E eu mais uma vez
A me sentir sozinha!

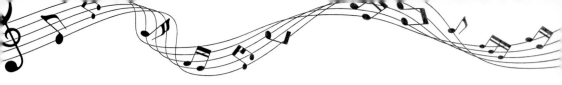

VIRADA

Hoje como sempre
Eu poetisa num canto solitário
Penso, reflito, vejo lá fora
Crianças brincam gritando
Correndo, iludidas
Nos olhos mostram festas
Que nada mais é
Um pequeno e frágil passar de horas
Fico a me perguntar
Sou eu a escolhida para pensar?
Sem saber se amanhã começa
Entre tantos
Mais um dia a lutar!

UM DIA QUALQUER

Hoje é festa lá fora
E os fogos começam
Suas faíscas a soltar
Mas dentro dos que comemoram
Tudo mero acaso
Que as horas vão deixando para trás
Pessoas caminham felizes
Nas ruas e estradas
Tudo pela virada
E como se tudo fosse apenas hoje
Mas nada diferente na vida
Que passa chuva e vento
Aqueles em seus quartos desarrumados
Outros nos delírios de uma ilusão
Que à meia-noite acaba
É mais um ano de luta!

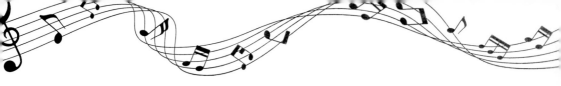

PURPURINA BELA

E lá vai ela, a purpurina bela
De alegrias solta no ar
Olhar tão verde quanto esperanças há
E passa ela em passarela
Cabelos soltos, leves amarelos
No falar, as ilusões
No sentir, as emoções
Sem olhar a crueldade
Lá vai ela, sem chorar
Nos nãos do pai a gritar
Vem pra cá purpurina
Pois já irei te colocar
Nos pés do meu altar
Mas ela salta brilhante
Disse ao vento, me leva
Até onde eu alcançar!

ANJO DE LUZ

Filha amada, onde dormes
Eu lá derramei meu pranto
Sem consolo, sem te ver
Em saber que presa lá
Está tudo que restou de você
Filha adorada, onde estás agora?
Será que a história conta a verdade?
Que tu estás vestida de anjo de luz?
Ai, filha minha, flor de alto brilho e beleza
Quando vejo a verdade
Nós, mulheres traídas
Penso no teu alívio
Jamais queria te ver sofrer tudo o que sofri
Tentei ser mulher de alguém
E só vi falsidade
Hoje filha, o teu anjo já não tem pureza
E tuas asas já não são brancas como o teu caráter
Ele vive como os vadios
Que se entregam à perdição
Mas quis o pai do céu livrar-te dessa dor
E no silêncio do nada, hoje vives tu, filha minha
Na paz que para o mundo é horror
Mas tu dormes esquecida

Livre, quem sabe, onde voa teu espírito
Mas te entreguei ao meu redentor
E creio que na morada eterna
Você e todos os dignos
Vivem esquecidos de toda dor!

LUZ DE UM ANJO

Aqui só comigo mesma
Me ilumino de mim com meu caráter
Minha verdade, minha luz
Aqui sempre, desde quando a este mundo eu vim
No raiar de um dia de sol, no entardecer
Fiz-me chorar o pranto do calor de onde eu vim
Aqui sempre vou estar comigo
Minha luz a me iluminar
Meu pensar maior que as lutas vindouras
Tudo porque não há seres puros de alma
Tanta dor só nos trazem
Então aqui, sempre
Vou estar ao porquê da paz
Na solidão de menos que a imperfeição dos humanos
Mesmo doce como o mel
Ainda que forte como o cedro
Com a luz na minha face
Só vi a maldade a me rodear
Nada, nem filhos, netos, pai, mãe e irmãos
Amores do prazer, nada, nem ninguém
Por um agir bem
Que esse é meu carma
Achar o mal naqueles que só fiz amar!

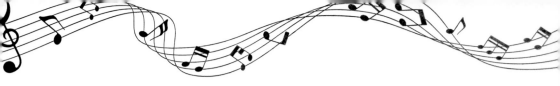

O VENCEDOR

Eu vejo as suas lágrimas caírem no rosto
Eu vejo seu coração sofrido
Que é do bem
Suas mãos acolher
Eu olho sua sabedoria
E sinto Deus em você
Como pode alguém sofrer por ser assim?
Como destinado por Deus
Anjos vieram a mão estender
Aos mais sofridos dos seres
Chorei ao te ver chorar
Sofri ao ver sua dor
Mas lá no alto do seu ser
Um anjo guerreiro te carregou
Até que num dia de glória
Hoje te vemos em esplendor!

LUZ

Deus, onde estás?
Tu és tão importante quanto a vida
No vazio, outras vezes não te sinto
Encontrei cada importância e a verdade dela
E vi, que mesmo não podendo ser perfeita na fé
Posso ir ao encontro dela
E creio que lá, além do vazio que possa ser
Eu acharei um lugar
Tão lindo de muita luz
Que jamais tristeza nenhuma
Poderá alcançar!

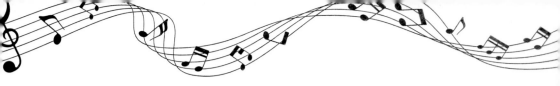

MORTE E VIDA

Eu não gosto de falar da morte
Essa é a parte que não nos cabe
Morte e vida,
São palavras separadas
Quem está vivo
E pensa na morte
Se mata dia a dia
Só os tolos fazem isso
Enquanto se vive
Perdendo o sabor da vida
O dia que formos ceifados
Não saberemos o que fomos
Nem por que vamos
Então porque misturar
As duas coisas?
Penso na morte porque sei
Que partirei um dia
Jamais dentro de mim
Ela se fez presente!

DIA CONFUSO

Chega a noite
E mostra e fim do ser que se vê
Dentro do nada
Ao sentir-se perdido de forças
Passa a noite
Que começa no desejo de amar
E adormecer esquecida
Mergulhada no sonho
Do que é tão somente a própria vida
Sem concretizar
A noite passa eterna
No mergulho de um corpo
Sem espírito a guiar
E o dia nasce
Erguendo o corpo
E abrindo os olhos ao real!

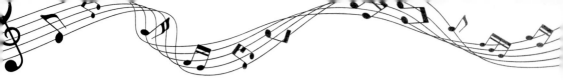

RESUMO

No final de tudo
Há sempre o resumo
A minha mensagem
Não sei se foi entendida
Só sei que depois de tudo, vivendo
Não só para apenas recordações
Será que valeu a pena
Ter chorado tanto no caminho?
Se eu fosse sábia como minhas palavras
Saberia que não vale a pena
Sofrer por ventos que sopram
Basta que saibamos suportar tudo isso
Sem nos desesperarmos
O segredo que tirei de tudo isso
É que ser gente é rir
Chorar, brigar, sonhar
Amar sem querer fugir
Ser forte e saber viver tudo isso
Sem cortar o filme no meio!

ANJOS MEUS

Me pega em teus braços
Me mostre o caminho
Me faz tão querida
Em tuas mãos, ó Jesus!
Me mostre o caminho
Sem dores de espinhos
Me lembra teu rosto
Tua face suave
Teu perdão em clareza
Me joga na vida de pureza e louvor
Me lança nos braços
Do meu maior amor
Que as dores me façam
Maior que as pedras que piso
Nos olhos límpidos me vejo
Sem ódio e sem desejo
Naquele que me faz o bem
Descanso o meu corpo sofrido
Pedindo aos anjos de Deus
Me aguardem
E me mostrem o que é meu!

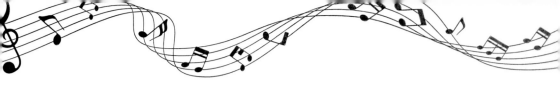

TE AMO

Eu te amo, sem sombras de dúvidas
Sem partes esquecidas
Sem falta de emoção
Sem medo de dizer quero
Com a força do coração
Eu te quero e te espero
Com lágrimas de sonhadora
Com dores leves de desesperança
Com o desejo a me dizer: "Espere".
Eu te vejo como um todo
Dentro de mim
Paixão, amor, ternura
E tantos sentimentos ocultos
Também renúncia se preciso
Mas sei que tudo não passa de sonhos
De desejos, de vazios
Desses que a vida nos manda
Para enfeitar o caminho
Com flores, sem perfume e sem espinhos
Te espero um dia,
Ainda que no simples instante de um olhar
No passar corrido de asas no ar!

JUVENTUDE

Viver é sonhar, o tempo, o despertar,
Volta entre sonhos e fantasias,
Desejar, imaginar,
Buscar algo que nem sabemos se queremos,
Tudo é juventude.
Chega um dia que encontra
A verdadeira origem.
Tudo que era a razão da felicidade
Passa a ser verdadeiro engano.
Apenas a verdade do que somos importa.
Encontrar alguém,
Um amigo, um amor, um momento,
Passa a ser o encontro,
A verdadeira felicidade.
É como voltar para dentro de nós!

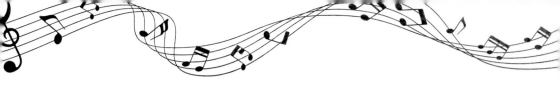

LINDAS FLORES

Eu corro os olhos
No que saiu de mim
E agradeço admirada.
Obrigada, dor, que me deram!
Feridas que me causaram,
Nãos que a vida me trouxe.
Tudo me fizeram para ser a poetisa,
Vejo como tudo tem o porquê de ser.
Jamais lamentarei
As pedras que pisei.
Tudo são mãos arrancando de dentro
Lindas flores!

PRECISAR DA GENTE

Seguir em frente
E buscando o passado
Recordar os anseios
Não alcançados
Lembrar a juventude
E se ver velho
Chegar das longas viagens
E sentir que tudo ficou para trás
Nada mais pesa
Além da paz leve
Saber que os sonhos não são sonhos
Mas escolher sonhar
E correr sem nunca parar
Aprender tanto
E se tornar incapaz
Porque aprender é viver
E sonhar é despertar
E correr sem nunca chegar
Precisar da gente
E só olhar a coragem de ser só
De se amar loucamente!

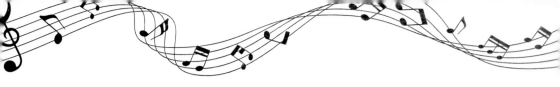

MARIA MÃE

Hoje eu te vi e chorei
E vi que a ingrata vida
Nada mais é que apenas hoje
Minhas lágrimas rolaram quentes
Em meu rosto sofrido
E vejo que a morte é hoje
Ontem, amanhã e sempre
O sol lá fora brilha
A chuva às vezes cai
Raivosa, outras vezes mansa
E molha um chão poeirento por segundos
As flores e o verde
Enfeitam nossas vidas
Tudo belo e depressa se vai
Com a nossa ilusão
Pois tudo nesta vida
Só minutos viverão!

AZUL DOS TEUS OLHOS

Por onde anda ele agora?
Ele, que era meu desejo
Ele, que é meu sonho
Me achei no profundo azul dos teus olhos
Te vi distante a me perceber
E logo se fez em dores
Um só olhar
Tudo me chamou atenção
Até o tom de voz
Adolescente me vi então
E como agir
Na tua honra me deste
Um lamentoso não
E o meu sentir sabia
Dignamente
Um cantar de um pássaro
Vejo me dizer adeus
Pois no profundo azul do céu
Do teu olhar mergulhei
Não importa quem te fez partir!

VIVER SEM VOCÊ

Faz tanto tempo
Que eu nem sei o porquê
De trazer nas linhas desta folha
Sem ti sentir nascer
Poema, dor de esperas vãs
Loucuras de amor
Já faz tanto tempo que nem sei
Como viver sem você
Como te olhar sem sofrer
Como chorar por você
Você do altar
Você do olhar
Você das ilusões
Você que não me vê
Já faz tanto tempo
Que eu nem sei pra quê
Te queria sem te ter
Te olhar e sonhar
Te esperar sem porquê!

JESUS

A ti entrego a minha vida
Meu amor, meus ideais
Senhor Jesus
Tu és o meu único santo
Digno do meu amor
De ser por mim adorado
Busquei em alguém tua mensagem
Santa, pura e fiel
Talvez exista
Porém não pude tocá-la
Encontro nos seres
A tua linda alma em vão
Já não existem valores como os teus
Somente a tua presença
O teu suave espírito
É para mim bálsamo que alivia
Fortalece as tantas aflições
Serei-te para sempre fiel
Porque somente a ti
Posso e devo amar!

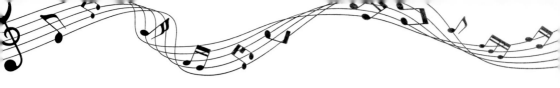

A BELA FLOR

A flor mais bela e pequenina
Que um dia no ventre de amor brotou
Com seus gemidos de frio
Ela menina chorou ao ver o mundo
Que viveria a sua linda história
Até que o destino que traçou
Com garras de mulher forte
Disse: agora você, bela flor
Terá seu caminho em outros jardins
Aí começa a sua nova trajetória
E nos braços do Pai amado
Hoje a flor mais bela descansa em paz!

PARA NÃO SOFRER

Eu deixei de sonhar
Para não despertar
Eu parei de pensar para existir
E desisti de querer para não sofrer
Eu fiz do amor apenas um ideal
Para sobreviver à realidade
Mas resta ainda a esperança
De que tudo não passou
De uma noite mal-dormida
E o sol volte a brilhar!

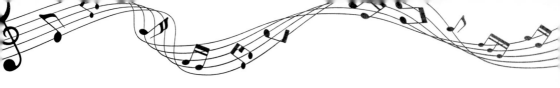

RETRATO AMARELADO

Encontro ele
Ele que é meu desejo
Ele que sou eu
Feliz ao achar-me
Eu sou sua coragem
Vejo então que não há esperança no amor
Esse, que nos é dado em tempos jovens
Que lástima
Não somos prontos para escolher o eterno
Aprende-se a duras horas
Que o amor só existe no bem-querer
E como? Se me fizeram sofrer
Roubaram meu sorriso
E lá dentro deixaram só amargura
Sonhos hoje permeiam o meu silêncio
E nas longas caminhadas busco alegria
Que de nada valem
Porque hoje nossa história já escrita está
Não há lugar ao recomeço
Vejo-me largada e sem valor
Mas como? Se sou mulher que atrai
Porém sem esperança
Vazia e sem futuro
Sou como retrato amarelando

Num canto qualquer
Mas como posso não te sentir, ó vida
Se sou aquela que encontra nele
Meu desejo de ser um dia
Feliz!

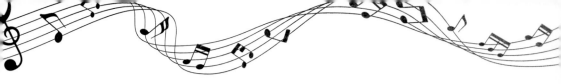

MISSÃO DE AMOR

A voz que ouço diz:
"És amada e sempre serás"
A única missão que me resta
É tão somente amar
Vejo nos dias de cada um
As dores que em mim já vivem
Passo pela vida assim
Aprendendo a não ter o que procuro
Fiz da minha existência
Um olhar pela janela
Caminho pela vida
Sem dizer bom dia
Desejo-me dias mais felizes!

PEDRAS DE INGRATIDÃO

Dentro de mim mora uma
Fora de mim mora outra
Dentro mora a sofrida
Diante da realidade do que eu sou
A criança rejeitada
Triste, carente, de lado
Eu sou a criança
Que ainda vive em mim
Fora de mim mora a forte
Como uma armadura a me proteger
Quando caminho me prendem as pernas
Quando parada assusto
Tudo para me defender
A de fora recebe pedras
A de dentro a ingratidão
Será que assim, dividida em duas
Eu vou sempre estar?
Dentro e fora moram duas
Que são apenas uma
A guerreira em busca de paz!

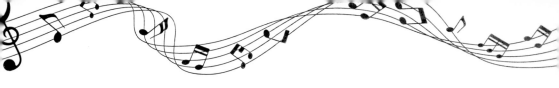

SORRISO NO OLHAR

Eu sou apaixonada pelo nosso amor
Eu gosto do seu sorriso no meu olhar
A cada vez que me quer
A sua simplicidade me envolve
E faz descomplicar
Meu amor sofrido
Eu sempre serei apenas tua
No pensar e na entrega do meu corpo
Eu seria apaixonada
Pelo nosso amor esclarecido
Sem falsas felicidades
Eu amo amar você
Sem máscaras e roupas belas
O amor faz sonhar
E mostra que existe
Apenas na beleza da simplicidade!

VAGAS HORAS

Cansada vida
De vãs ilusões
Sonhos desfeitos
Esperas vazias
No cotidiano
Se vai sem paixões
Paixões
Relâmpago de emoções
Assim é viver
Amores só no peito
E nos olhos cobiça
No corpo o prazer
Mas vive-se
Apenas de vagas horas!

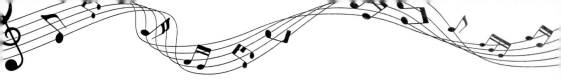

AMOR ALIMENTO

O amor é como remédio
É como o alimento
É como a matéria
Todo ser vivo
E tal como é, não existe
No abandono
No descaso
Na maldade
O amor quer ser rei
Tratado assim será admirado
Querido, ser chamado, ser aceito
Apenas quem tem o dom
Da vontade de estar junto
É capaz de ter esse amor em si
E o amor de alguém!

SOMBRIO

Então é Natal, o que você tem?
Ah, quanta dor no fundo da alma sinto
Talvez tal como quem vive
Nos arranha-céus das grandes cidades
Presos na solidão de uma fina sociedade
Jornais velhos a cobrir-lhe
O frio do corpo e da alma
Vivo e aceito
Pois fui eu quem tracei meu destino
Sou como ave velha sem ninho
Que ainda voa cansada
Sem alçar voos altos
Porque suas penas gastas
Nada mais são do que enfeites que atraem
Então é Natal
Dos meus longos anos vividos de esperanças
Assim como a linda boneca dos meus sonhos
Menina espero, espero hoje
Meu grande amor chegar
Sombrio e sem vida é meu fim do dia, e do ano
O que é a vida? Se não apenas desenganos
Tudo chegou a ser como pôde
E não como eu quis
Deixei de amar aquele que Deus me deu por marido
Somente para não morrer de tanto abandono!

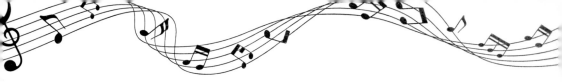

RASTROS

Os idealistas passam e deixam seus rastros
Sua luta que, para muitos, é sonho ou loucura
Os fazem sofrer a dor de não usufruírem
Mas eles lançam a semente do bem
A serem germinadas após sua não existência
Os idealistas, seres sofridos
Passam pela vida vivendo de derrotas
Mas seu grito não se perderá no tempo
Porque o mundo anseia justiça
O idealista guerreiro morre lutando
A vitória nem sempre é para seu envaidecer
Não vivem dessa alegria
Porém outros usufruíram das leis impostas
O desejo que só anos depois virão
Eles se vão sem vitória
Pois ~~está~~ só será alcançado
O objeto do desejo de seus ideais
Os injustiçados
Os oprimidos pelo poder do erro
A verdade sempre prevalecerá!

FORÇA DIVINA

Sou feliz assim como vivo
E sou também alguém que anseia
Saudade de quem nem sei
Sou ave a voar sem pouso
Repouso nos mais altos galhos
Sou peregrina e sem descanso
Alcanço apenas aquilo que sou
Nada além de em mim será
Porque é nave invisível sempre
Sou a mais frágil força divina
Que o ser poderoso criou
Pois encontro sempre ao andar
Em cada olhar de amor me entrego
Distante do ser que é feito do tempo presente
Sou como a andorinha do passado
Nas paredes formam revoadas juntas
Já nem as vejo mais
Sou assim hoje, alguém do passado
Nos hábitos tão presentes e aceitos naquele tempo
A dura vida é como de um maratonista
Ainda que o primeiro lugar seja de um
Sendo feliz como pessoa vivo de lado, à parte
Como lembranças velhas
Quero encontrar-me com sua admiração
Ainda que nesse tempo
Não haja alguém assim como eu!

MERGULHO NO AR

A tarde brilha lá fora
O sol às quatro horas da tarde de ilusão
O mergulho na cachoeira refresca o corpo
E quem sabe a mente
Pura ilusão
Pois os minutos trazem a escuridão
Cada um para o seu lado
No seu canto
Na sua casa
E as águas da cachoeira correm
Dia e noite sem parar
O banho que limpa a pele suja
As águas carregam
Mas as dores da alma
Lá elas não entram
Não lavam
Os velhos ficam quietos
Nas janelas de suas simples casas
Pois o sol quente está dentro das almas sofridas
Lá está ele, como peixe a nadar
As sereias dão mergulhos no ar
E os olhos iludidos não veem a noite chegar!

FIA

Quando te vi uma vez
Teus cabelos brilhantes avermelhados
Tão suave era tua fala macia
E teu olhar de bondade dizia:
"Sou fia de filha, mulher!"
Mãe, moça talvez
Mas tudo em ti fazia a luz brilhar
Por entre tantas hoje vive a mostrar
Teu lado tão diferente
Pois teu nome já diz: "Fia"
De filha amada, carinhosa
E esta é a sua marca, bondade
Seriam sempre seus dias
Que hoje, amanhã
Um dia lembrada será!

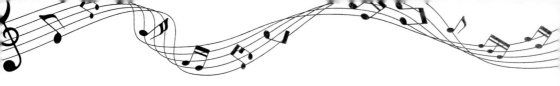

ANJO DO CÉU

Seja meu guia
Leva-me às águas mansas
Da tua companhia
Seja em mim somente alegria
Viva sempre ao meu lado
Faz brilhar meu corpo ao te ter
Em meus dias de agonia
Que tua luz clareia o céu
Da alma de minha filha
Guarda minha família
Que o não do mundo
Seja espinhos entre flores
Que colhemos nos findos dias
Vem, amado anjo do céu
Em mim fazer sua morada
E eu te amarei em verdade
Em nome do meu redentor
Cristo amado!

PAZ

A paz está em:
Ser ausente o mal
Em assumir a missão que nos faz imposta
Em ser solidário ao que sofre injustamente
Incapaz de se defender
Em manter acesa a luz do equilíbrio
Suportar as lutas
Sem deixá-las penetrarem em nossas mentes
Ser único, junto a todos
Amor, fluir o bem
Sempre depois da lição que a vida nos dá!

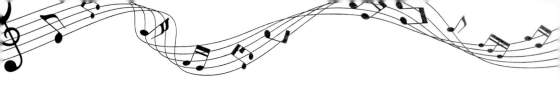

FLORES NO CAMINHO

Os frios de coração sobrevivem
Continuamos lutando
Contra a falta de amor
A solidão externa
Que todos nós, humanos
Deste tempo vivemos
Os frios de coração sobrevivem
Às pequenas e falsas alegrias
Os jovens procuram ansiosos
Pelo amor e suas realizações
Tão esperadas e necessárias
No entanto se tornando vazios
Mas resta a esperança
Ao ver flores ao longo da caminhada!

MÁGICA DA VIDA

Você precisa encontrar
Aquela forma mágica da vida
Que está dentro da própria vida
Você vai achar seu verdadeiro eu
Só que o segredo está perto
Está no caminho
Está na forma de olhar
De sentir, de te sentir
Você não imita a dor do outro
Porque a sua é só sua
Você precisa achar você
Ficando consigo mesma
Seus olhos assistem à vida lá fora
E buscam de dentro a lágrima, não de fora
O que a vida te traz passa por você
E o que você vê são apenas formas!

MINHA VERDADE

Sinto que me falta algo
Apesar de tudo, sou muito alegre
Nada consegue me vencer
Percebo aos poucos o que me traz o vazio
Acho que sou sem sorte
Nasci na família errada
Casei com a pessoa errada
Mas o erro do passado continua a me seguir
Tentei lutar por tudo que quis
Foi tão duro que desisti
Esperei do meu pai, não tive
Do meu marido, só tenho o que ele é
Tentei com meus filhos, e tudo saiu diferente
Enfim, fiz tudo errado
Porque assim me ensinaram
Se eu soubesse o que sei agora
Seria o que tanto desejei
Teria hoje a vida que sonhei
Saber tudo eu sei
Só o que me resta é ser dona da minha verdade!

SONHO EM VÃO

O amor em mim
Que para muitos é loucura
E para mim
Apenas a razão do existir
Amor
Doce palavra
Sonho em vão
Que a vida alimenta
Que o mundo afugenta
Sem querer saber a razão!

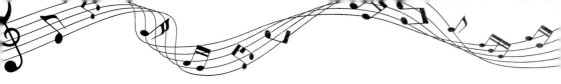

DEUS

Fazei-me forte nesta hora de aflição
Dá-me o conforto da tua presença
Fazei-me forte como a muralha de Israel
Firme como os montes que desenham paisagem
Livres como os pássaros que voam sem destino
Suave como as águas que correm sobre as pedras a buscar o mar
Tolerante como os camelos que viajam nos desertos
Firme como as rochas
Simples como a pomba em seu ninho
Ágil como gaivotas no seu alimentar
Sábia como a águia velha no penhasco
Feliz como a flor que acaba de desabrochar
Amável como a criança pura
Que eu seja liberta de toda dor
Que nasça em mim uma nova criatura!

ASSENTADOS CAMINHOS

Espelho
O que tu és capaz de mudar em nós?
A coragem de se ver refletida
É capaz de os revelar
Dói muito encarar aquilo que somos
E não queremos admitir
No primeiro momento a verdade
O desânimo e a frustração
Antes uma falsa percepção
De como gostaríamos de nos ver
Acordar-nos para a verdade
Daí surgir novos e assentados caminhos
Todo projeto será modificado
Nada se constrói em bases ilusórias
A realidade traz base forte
Aceitar é um ato de humildade
Que poucos conseguem ter
Agradeço tudo que sou!

BICHO PERDIDO

Com seus dias maus
E como bicho perdido
Me sinto em casa com isso
Acredito na força interior em nós
O raciocínio tudo resolve
Também posso ver o quanto mereço ser feliz
Sou tão boa que não vejo o que fazem comigo
Deixei que me dissessem: "Você está errada"
E acreditei
Acabei de crer que a natureza nos conduz
Sinto que ela está me levando para o meu destino
O que será?

OBSESSÃO

Assim a vida se faz
De tantas voltas iguais
Só o que nos tira da dita crença
Viagens, experiências
Que também, se parada
Tornarem no prazer
Nada mais do que fora
Obsessão!

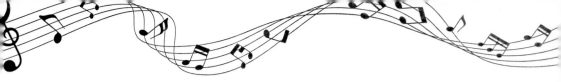

ME EXPLICANDO

Tenho um mistério
Que jamais tentei explicar
Pareço confusa a quem me conhece
Tornei-me complicação para meu ambiente
No entanto, é simples me explicar
Vivo vida de peixe fora da água
Preciso de tão pouco
Que é tudo para quem não sabe dar
Falo flor, entendem planta
Assim eu vou levando
Dias bons e dias ruins
É tão simples me entender!
Sou assim porque sou gente.

APRENDIZADO

Ah! Quantas vezes tentei achar
A verdade nas minhas transformações
Tantas vezes pensei
Que a mudança era a minha evolução
No entanto, sempre soube
Que a vida é um eterno aprendizado
Que no dia da minha morte
Eu olharia para trás
E veria tudo errado
Não acertei em nada!
A verdade está além de nós
Acima do que somos
A verdade é tão somente crer
No Deus que existe em nós, Jesus!

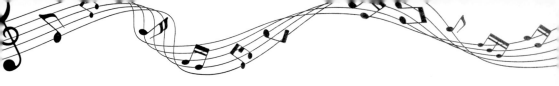

SER FELIZ

Eu hoje sou feliz
Por que me conheci
Pelo meu esforço de melhorar
Eu olho o mundo
E vejo o quanto as pessoas se destroem
Vontade de se ajudar
Ainda que tudo nos pareça turvo de se ver
O desejo de sair dos momentos difíceis
Junto ao bom senso
Libera-nos a uma vida menos difícil
Mais fácil de ser vivida
Eu tenho dentro de mim a certeza
De que todo ser pode ser feliz
Quando buscar a felicidade na verdade!

FATÍDICO DIA

Naquele fatídico dia
Saio eu a caminhar
Quantas descobertas
No perigo da rua a vagar
Dentro de mim sombrias horas
Fora de mim água de chuva
Chão molhado, rua escorregadia
Deus, só ele dentro do coração
Chego ao meu objetivo final
Peço aos anjos
Para me mostrarem a verdade
Com a presença deles
Ouço tantas setas do mal
Misturam-se doces agrados
Soando como gritos de dor
Daquela sofrida pessoa
Deixo tudo vir
Como posso filtrar?
Ouço tiros secos no ar
Escondendo-me de tanto medo
Tudo passa e eu ali
No final vou a mais uma experiência
Dentro de uma igrejinha me vejo

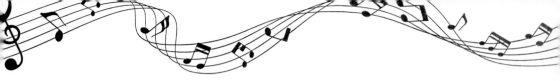

Pastores, e mais uma lição
E suas professoras
E ouço: "Entre na fila lá no final"
Quem me dera ter um mundo
De gente usada por Deus!

NADA ALÉM

Falar de amor
É falar de alguém que nos fez bem
É tão complicado encontrá-lo!
A gente ama com intensidade
E nem sabemos conduzir o sentimento
A gente se perde
Quer, não quer
Só quer ser feliz
Nada além
No entanto o outro sente outras emoções
Outras sensações
E assim acontece os desencontros
Até que cheguemos a alguma conclusão
Vamos rodando em círculo
Só sei que o amor é algo real
Imaginário e misterioso
Quem sabe mágica
Tudo porque não chega junto
A voz, o jeito, o carinho e a cumplicidade
Coisas que chegam junto aos nossos anseios
Porém, é mágica
Enquanto isso eu vou me amar
Tenho certeza de que verei todos através de mim
Serei feliz assim
Completa, real e imaginária!

CONFUSAS HORAS

Sou no amor como na matéria
Eu me comparo a um pássaro
Tenho o mundo todo para mim
Mas sou livre para fazer meu ninho
Em qualquer lugar
Sinto que o mundo é de todos nós
E dele posso desfrutar
Sem carregar a bagagem
Das confusas horas vividas
Não me prendo a nada
Onde estou é meu lar
Até mesmo onde passo
Me sinto segura de ter o direito de estar
Consigo esse sentimento transmitir
Já do amor sou escrava
Um sentimento tão puro
Que só danos a mim traz
Espero um dia me libertar
Como o pássaro livre é
Majestoso em seu voo!

HOMENS DE BRANCO

Ainda que eu conheça
Mil homens de branco
E que o complexo de inferioridade
Seja visto como a causa desse sentimento
Visto aos olhos dos "entendidos"
Eu digo:
Quando me vejo cheia de carinho por você
Só vejo o seu lado humano
Sobrecarregado por uma missão
De cuidar, de aliviar, de devolver a vida
Somos nisso parecidos
Porque a minha maior paixão se chama gente
Gosto de você
Porque me faz sentir coisas boas!

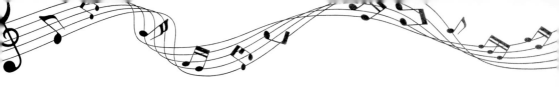

TEU ORGULHO

A tua perversidade
E o teu orgulho nos separou
Eu como criança te amei
Como a criança que eu ainda sou
Lembro ainda dos dias que vivi ao teu lado
No princípio muito apaixonada
Eu ali encantada
Você a mim só descuido
Sofri e te quis agarrada
Com minhas garras lutei, chorei
Te desejei suave, manso
Como o afagar de um pai
Este que não sente
O tempo me fez fria com o desafeto que tive
E nos braços de alguém te vi afastar-se de mim
Hoje você de mim se esconde
Ora saudades, ora desprezo
E eu em outros braços me tocando
Da mesma dor que me fez sentir
Ainda há saudade de acordar do teu lado
Posso sentir no meu corpo hoje
As lembranças do tempo que você foi em mim!

VAZIO MÁGICO

Poderia ser apenas um instante
Daqueles que vêm para amargar a alegria da gente
~~Que~~ Mas minha certeza dissesse:
Você teve um sonho mau
Você é capaz de ser feliz
Sua mão chegou a tocar em seu ideal
E dizer quero, não é anormal
Ah como...
Como poderia acreditar no amor
Na mágica desse olhar
Que ultrapassa os níveis sociais
As diferenças e os opostos
Ainda que sem tempo certo
Durante, eterno, cada momento
Fazendo a dor do vazio mágico
Do momento final
Tão somente mais um momento
Acreditar na verdade que brota do sonho
De que felicidade se vê plenamente
Ainda que só dentro da gente!

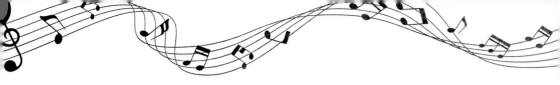

PEDRAS E FLORES

Carregar a vida
É carregar sonhos e pesadelos
É caminhar sob pedras e flores
Carregar a vida
É sentir-se morrer
Quando a vida ressurge
É viver após a morte
Carregar a vida
É sempre aprender a cada instante
E explorar o universo oculto
No corpo a lutar e a alma observar
Firme e poderosa
Os erros de suas vestes
Consertos incansáveis
Buscas incessantes de força e luz
Carregar a vida
É olhar momentos furta-cores
É achar agora, depois e sempre, algo mais
Somar, retirar, mudar o vago
Que é belo em sua única e tantas formas de solidão!

ALTIVEZ

Por onde passei
Vi tantas como você
Nem tão solitárias
Eram secas
Em raiz e altivez
Seus galhos para o alto
Como braços em lamento
Num só pedido ao sol
Me faça em folhas outra vez
Pensei na solidão que senti
Ao ver suas folhas verdes secarem
Em um dia de ventania
Elas sozinha te deixaram
No triste adeus
Em ver o vento levar
Suas folhas que a vestiam
Nas madrugadas frias
No verde do nosso olhar!

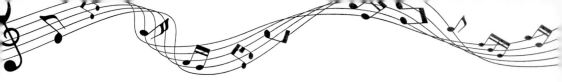

FILHA MINHA

Quando te concebi foi sonho, emoções
De um dia te ter em minhas mãos
Lá dentro do ventre, você já sabia
Quanto era amada e esperada
E se mexia com vontade
De ter a vida toda para lutar
Ó, minha linda
Como foi você na minha vida
Foi sonho, foi noites maldormidas
Tão logo descansava, você já despertava
Como se a vida fosse para você
Um lindo parque de diversão
Cresceu bela e formosa
Até que alguém lá do alto colheu-te
Em vaso de ouro
Como presente ao Criador!

ADMIREM-ME

Eu sou tão pequena diante do imenso mundo
Me vejo como ave em ninho ao esperar das penas grandes
Que o bico ela, mãe, alimenta, e sem penugem me escondo
Por entre as frágeis asas daquela que me formou
Em dias de chuva e sol, no alto de uma árvore
Escondi-me até que o tempo grande e forte me tornaria
Admirem-me, pois sou como pássaro frágil
Que lindo será por curto tempo
E então morrerá!

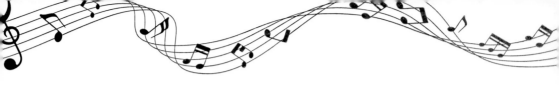

LEMBRANÇAS

Cresce a flor tão linda
Tão capaz de encantar
Brilhava em cada passo que dava
Tudo perfeito era
No peito trazia marcas
Do que a flor viveria
Eu roseira nada pude fazer
Para que de mim não fosse tirada
Pois bela e desejada em olhos e mãos
Seus dias viveria a doar seus encantos
Até que tudo virou em nossas mentes
Apenas suas lembranças!

LARANJA-LIMA

Tão doce como a vida
Amarga se espremida
Rara como a bondade
Laranja sem azedume
Irmã da fruta lima
Mais amarga que tu, laranja-lima
Doce são as horas que te colhi em laranjais
Onde o quintal era no fundo
Da casa velha da roça
Quantas lembranças trago
Ainda teu gosto na boca sinto
Ah, meu pé de laranja-lima
Hoje já nem suas mudas florescem
Mas dentro de minha infância
Você história será!

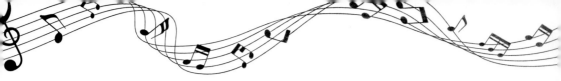

FLORZINHA

Naquele dia sombrio eu te concebia, amor
Sonhos eram os meses que seguiam
Até que chega a hora, lá vem ela, a florzinha bela
Com seu grito ao ver o mundo, quis ela dizer
"Serei a flor que mais encantarei
Pois a vida, sei lá, até quando viverei!"

GOTAS DE ORVALHO

Derrama roseira meu pranto
Se algo me dissesse
A rosa bela, a flor mais linda
Será por tempo de sua beleza
Até quando feliz ela será
Chora a rosa em orvalho
Lindas gotas de lágrimas
Como se ela bela soubesse
Que tão logo pétalas derramaria!

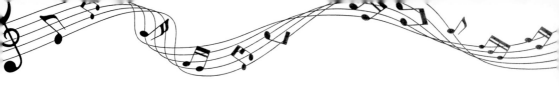

ATITUDES

Que pena, olhar e ver você abandonada
Portas e janelas fechadas
Lá dentro resto do amor que deixou
Como é triste ver-te, ó casa abandonada!
E como um fantasma seu dono se tornou
Te vi antes feliz
Onde vozes de gente que amava
Ainda que meus ouvidos ouvissem
Que lástima!
Foi trocada por momentos que passam
Na perdida decisão
Sequer te deram adeus
Mas firme cuidada persiste
A esperar que um novo amor
No amanhecer surgirá
E tu, ó casa abandonada
Jamais sozinha existirá!

ONDAS DO MAR

Ainda bem que nada é para sempre
Ainda bem que tudo o tempo apaga
O sol termina ao anoitecer
A noite se vai no amanhecer
Ainda bem que os rios correm para o mar
As nuvens derretem em chuvas
As flores murcham pra secar
Ainda bem que os filhos criamos para o mundo
Os maridos ficam velhos
As esposas viúvas ficam
A traição termina no adeus
Ainda bem que a roda da vida gira
Deixando tudo lá atrás
O sol que a noite apaga o dia nos traz
Os rios, em ondas, enchem o mar
As nuvens derretidas molham a terra
As flores morrem para outras lindas chegarem
Os filhos que o mundo levou
Hoje olham os seus partirem
As esposas viúvas e traídas vagam jovens
Ao recomeço de uma nova vida
Ainda bem!

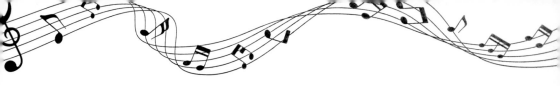

MARCAS

No teu corpo esguio e frágil
Eu, mulher, me vi em teus braços
Como menina iludida
No teu olhar faminto
Descubro meus medos de tuas taras
Como se meu peito que dói dissesse:
"Fuja do que parece ser teu"
E na longa caminhada
Eu vejo tuas loucas horas sem mim
Onde em outros braços se esconde
A mentira te faz feliz
Como viver nesse conflito que é teu?
Não em mim, se o amor sincero te dei
Você a mim dores e marcas deixou!

PENAS AZUIS

Pássaro de cor azul
Penas furta-cores
Hoje te vi caindo
E seu voo no fim
Foi tão triste te ver secar
Seu existir frágil
Tão lindo você voava
Com sua cor azul encantava
Não posso saber quem te fez cair
Mas dói te ver seco
De bico e penas sem vida
Se eu pudesse devolveria tua vida
Teu voo, tua alegria, isso eu faria
Então pude ver que nascemos
E teimosos vivemos
Como se no passar de um raio
Barulho, brilho, como fogos em festas
Será sempre o meu, o teu
Passarinho azul
Feliz no nosso frágil existir!

LÁ DENTRO

Tem um anjo dentro de mim
Tem sim, um anjo
Que me afaga, me conforta
Acaricia minha agonia
Me ampara quando vou cair
Me mostra meus erros e me faz refletir
Tem sim, eu não o vejo em carne
Nos que por aqui passam
Mas o vejo dentro de mim
Como uma brisa leve, seca minhas lágrimas
Refresca como vento suave o meu cansaço
O meu corpo suado de tanta peleja
Ao ver a maldade os pecados da carne
Egoístas que sorriem em seus altos níveis sociais
Mas nós, os pobres mortais
Pedras pisamos, dores sentimos
Só em carne, pois os do bem têm sim
Um anjo lá dentro dizendo
"Eu sou aquele que deve seguir como exemplo
Eu sou Jesus!".

COR AMARELA

A vida me trouxe você, poesia
Nas horas que você, vida, vem dizer não
No doce olhar ao que sofre
Nas idas pelas ruas sem rumo, a vagar
Onde vejo pássaros de cor amarela
Com suas fêmeas a voar
Na desilusão que os filhos nos trazem
Em tudo você, poesia, vem-me
Como asas que posso voar, fugir
Mas lá dentro você me diz:
"Estou aqui morando em seu existir"
Para que o mundo entre letras e rimas sejam contados
Que a dor e alegria andam lado a lado!

TÃO LOGO

Fim de tarde o vento fica fresco
Os pássaros se escodem
Já não se ouvem seus cantos
As folhas balançam na copa das árvores
Os roceiros da terra voltam de seus serviços
Vem junto a escuridão, pois o sol se esconde
Para clarear a Terra no seu girar
E como se fôssemos a natureza bate uma breve solidão
Mais nada do que o corpo pedindo descanso
Fico a pensar; o que é viver
Acordar e ver o sol nascer
É dormir tão logo o mundo girar... girar!

PENDURICALHOS

As festas estão chegando
Final de um tempo
Que para todos agora é celebrar
As avenidas iluminam lojas
Que cheias de penduricalhos
Chamam as crianças a sonhar
Tudo, momentos que passam
Mas o que seria de nós
Ao passar pelos parques de diversão
Que este mundo mais parece
Sem viver nossas tão pequenas horas de ilusão
Mas tudo que nos resta é viver o tempo
Aproveitar os momentos
Ainda que tudo seja pura fuga de amargura!

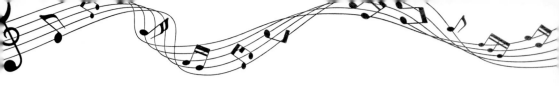

QUE TRISTE

Você me trocou por uma ilusão
Por fantasias que o mundo em telas te oferece
Que triste te ver feito menino bobo
Iludido com beleza que passa
Encantado por falsas horas
Que te dão uma gota de atenção
Onde os mundos tão diferentes separam
Os simples dos reluzentes
Que triste te ver sonhar
Deixando seu lado verdade apagar
Sua essência corromper
Te levando ladeira abaixo
Pois nas telas delas a fome não mata
O desejo se apaga no desligar de um botão
Na tela que apaga quando seu crédito acaba
Mas é disso que vocês e todos vivem
De sonhos e fantasias
Que te levam para um acordar vazio!

VOANDO TÃO LEVE

Hoje estou só
Amanhã talvez
Hoje eu choro a desilusão que você me fez
Amanhã acordo sem você
Que bom não ter sua mão no meu corpo
E sua mente em outras fantasias
Em que eu apenas fui objeto
Hoje posso até chorar a triste verdade
De uma sonhadora mulher
Mas sei que tudo na vida passa
Deixando para trás as lembranças de um amor sonhado
Que mais era pesadelo
E eu só assim nasci
E assim um dia irei partir
Para onde não sei
Mas espero que lindos anjos me levem
Voando tão leve para meu descanso eterno!

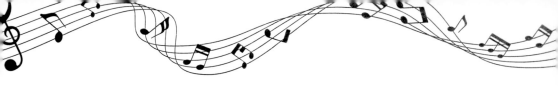

ILUDIDA VIDA

Inocência de menino
Teu sorriso era de meios lábios
Tua fala mansa sem dizer a que veio
Teus sonhos fantasias
Que enfeitam teus dias
No doce de leite você, menino, aprendeu
Que o bom da vida era tão parecido
Nas horas que aqui viveu
Sua velhice está vindo
Como a inocência de um menino
Como você se parece com o mundo
Cheio de ilusões
Tão inocente você vive
De que nada aqui permanece
Mas acredite, você, como menino será
No doce prazer de uma iludida vida!

SOU AVE

Eu hoje sou carne
Sou ave
Sou espírito
Que vaga, vaga, vaga
Sou jardim que floresce
Mar que transborda
Sou luz na escuridão
Pés frágeis pisam o chão
Sem qualquer direção
Mundo que apavora
Eu carne pereço
Lá dentro a ilusão eu guardo
Que sou menina a sonhar
A viver no lindo dia o amanhecer
Nas idas pelas ruas ao ver você
Que passa por mim
No relance de um olhar
Eu então me fortaleço
Pois o amor que eu carrego
É como asas que me levam
Aos céus do meu sonhar
E hoje sou ave
Sou carne, sou espírito
Amanhã, na despedida
Serei anjo a voar!

DISTÂNCIA DO TEU SER

A dor que me fizeste foi tão profunda
Que dos olhos e poros todo meu ser chorou
Passando pelas avenidas aos prantos, em silêncio
Pude ver que a injustiça mora dentro de cada ser
Na fria estampa de teu rosto eu vi o mal que me fez
Sem saber da minha história tu me apontastes o dedo.
As feridas abertas, sangrentas
Você tão altiva de corpo e orgulho
Fez-me tão esmagada e pequenina
Como se o mundo fosse não nosso, mas somente teu
Abaixei minha cabeça para seu chicote
E você, sem pena, sangrou-me a carne e a alma
Como se fôssemos feras na arena
E eu, já entregue em suas mãos, juntei meus pedaços
E fui chorar minhas últimas lágrimas
Na distância do teu ser!

MAÇÃS VERMELHAS

Tão triste olhar o mundo
E ver tanta falta de alegria
Mundo que foi feito como paraíso
Hoje apenas serpentes
As maçãs vermelhas e doces são as tentações
Não o doce saborear
As plantas, os rios e o mar, tudo tão belo
Mas homens ingratos se banham
E lá deixam seus impuros desejos
Sem falar nos lixos desprezíveis ali a jogar
Como é triste ver a vida de poucas alegrias
Gente que devia amar, só falsos dizeres
Tudo tão belo que o criador nos fez donos
Mas víboras são todos os que traem
Mentem, enganam
Tudo por um breve instante de prazer!

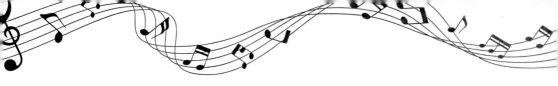

FELINOS

Nos teus olhos verdes
Tuas manhas e apegos
Eu descubro o amor
Dos felinos que cuidei
Ainda filhotes
Vivo hoje em tua companhia
Nos dias de frio
Nas solitárias horas e abandonos
Tuas garras são teu modo de matar a fome de fugir
Teus pelos sempre sedosos às vezes incomodam
Ao se soltarem nas cadeiras, camas e sofás
Porém teu amor ao me ver sozinha
Deitado sempre ao meu lado
Sua carência da minha presença
Só me fazem ver que você, meu Nininho
É minha maior companhia
Como deixar-te sozinho
Se teus gemidos, "miau"
Chamam por minha companhia!

TÃO CRUEL

Quando te olhei uma vez
Você parecia um anjo
Assim por longos anos te chamei
Sua voz era tão doce e leve
Como a plumagem no campo florido
Das asas de um beija flor
Seus olhos tímidos
Como de um menino sofrido
Os anos e o tempo trouxeram dores
Que não eram só suas
E como o anjo que parecia
Carregou a dor em tuas mãos
Agora que tudo passou
Procuro tuas asas brancas
Só vejo o anjo caído que a dor te tornou
E lá do céu, a luz que te guia
Hoje chora ao ver-te tão cruel!

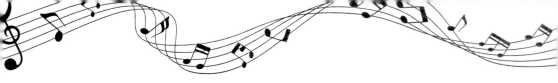

MALANDRO

Tu e tantos são malandros
Com falas brandas, mansas e gestos amáveis
São todos que assim nos virão
Mulheres carentes são alvos
Caindo de amores que um dia
O tempo e a falsa beleza tornou
Antes velhos eram avós
Hoje, mulheres, novas parecem
Como no mundo tudo é fantasia
Malandros são fonte de abrigo
No triste sorriso de uma solitária mulher!

LAPIDADAS

As pedras estão no chão, nas rochas, no mar
Elas estão no coração
Na dor que endurecida ainda sufoca o pranto
Pedras que no caminho pisamos
São pedras que ferem nosso caminhar sofrido
Cujo perverso, que na alma guarda
Lança nos olhares, pedras
No caminho do viajante, pedras
Nas palavras, pedras
Tudo porque algum dia alguém o feriu com pedras
Mas elas duras foram feitas no tempo
Não mãos se batendo juntas
Lapidadas no tempo serão!

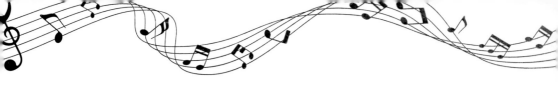

AJUDADORA

Seu nome já diz, ajudadora
Assim Deus te quis
Menina doce e de choros
Que a vida em coragem transformou
Você é a mulher mais forte
Que a dor de criança em couraça se tornou
Hoje você, com seu nome
Segue a mão a estender
Pois seu nome já fala por você
Auxiliadora!

PERDER DÓI

Vida ingrata
Por que me deste
A curta vida de alguém
Que como o vento que passa
Soprou alegria em mim
Fico a me perguntar
Por que perder dói tanto
Se tudo é passageiro aqui
Só não dentro o vento passou
Mas fogo em brasa é o amor
Que ele, o vento, soprou
Tudo tão belo existe
E como criança iludida
Não vemos o que não teremos
Por que tu
Ó, vida ingrata, dá-nos a felicidade
Só não diz como viver
No triste adeus em saudades!

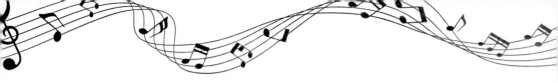

AMORES QUE AQUI FICARAM

Creio que falta tão pouco pra matar a saudade
Dos amores que aqui deixaram
Sem saber quando irei ou se lá te encontrarei
Vivo eu a lhe esperar
Que dias de glória iremos alcançar
Os dias passam depressa
As rugas surgem em minha face
E no meu interior, marca que você deixou
Mas creio que lá do alto nós duas teremos
Os braços de quem espera por todos
Que ainda iremos e lá encontraremos ele
Nosso anjo redentor!

TEU NOME

Saudade é teu nome
Quantas em vida eu terei
De ti que tanto amei
Você, tão bela como flor
De altivez e amor
Impossível alguém assim
Outra vez nascer de mim
Teus olhos grandes
Antes de fecharem do nada
Tuas falas roucas ainda posso ouvir
Jamais esquecerei de ti
Ó amada do meu pequeno mundo
Este tão imenso em ti
Vivo hoje a esperar
Que como ser divina
Venha-me acalentar
A saudade de ver-te outra vez
Vivendo aqui, em mim!

FORÇAS DIVINAS

O que será do meu amanhã
Se hoje, encolhida em minha cama
Oro às forças divinas
Cobrir meu dia de luz
Onde minha fragilidade é descanso
Como pensar no amanhã
Se futuro, não vejo nos meus passos
A carne em meu corpo pede sossego
As noites são de cansaço
Dores sem motivo
Acordo e vejo tudo lá fora
As pessoas com suas sacolas
Dos alimentos que fortalecem
Tudo repetição, até que...
Numa virada de esquina
Termina a nossa longa caminhada!

PEDINTE

Eu não quero teu pedaço
Pra me sentir inteira
Já inteira nasci, cresci
E hoje completa estou
Eu não quero ser estaca
Onde você se encostou
Para descansar sua preguiça
Pisar minhas carnes
Doer meu existir
Você a mim chegou
Como pedinte na porta
E eu meu peito abri
Minhas mãos estendi
Onde alimenta teu corpo
E você, com doces enganos, me diz:
"Te amo, obrigado por minha fome matar"
Mas tão logo a máscara cai
Aos gritos me chama de velha
Que desprezo te faço sentir!

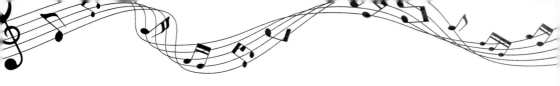

MISTÉRIO

Quem me dera saber qual rumo tomar
Até que o mistério seja desvendado
E os que partiram retornar
É verdade que nos contaram
Como é cruel a morte
Que leva sem dó, feios e belos
Ricos e miseráveis
E nós aqui ficamos perdidos no meio do nada
Só apenas o que disseram nos livros sagrados
E o que nos resta das lembranças que aqui deixaram
Nos sonhos te vejo ao acordar
O que antes era você aí no sonho
Pois ao acordar te via perto de mim
Hoje acordo assustada
O que antes eu via
Era você lá longe nas águas
Sonhei que você sumia
Hoje é dura verdade
Você que sumiu de mim!

TUDO BELO

Que lindo é o mundo onde a vida respira
Plantas brotam e se espalham
Verdes árvores juntas crescem sem cuidados
Jardins nascem no mato com flores de formas belas
As aves, cada uma, sua própria melodia
Seu assobiar feliz
Pedras e montes formam montanhas
Tão verdes hoje, ontem secas, cinzentas
A braquiária é seu manto
Onde cavalos e bois se alimentam
Cachoeiras derrubam suas águas infinitas
Ruas de chão, outras de piche
Tudo belo, só nós
Ou eles de peito fechado
Olhos perversos, atos egoístas
Passeiam pelo parque pisando nas flores
Sujando os rios, prendendo os pássaros
Calando a voz dos que aqui passam como anjos!

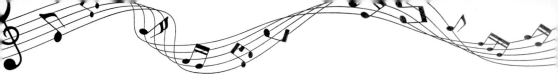

VERDE SECO

Os dias vão ser de nuvens cinzentas
Lá dentro de mim
Tão necessárias como avisos de chuvas
A molhar o verde seco
Assim são as perdas
Apodrecidos frutos caídos
Chega a hora do fim
Aqui tudo se acaba
Amores se vão
Outros quem sabe virão
Só não existe o eterno que tanto almejamos.
Mas como tudo é único
Nas diferenças nos desencontramos
Até os sentimentos são como rios que correm
Sem destino, até o mar encontrar
Enquanto feridas abertas doerem
Eu aqui em versos choro transbordo
Todos os espinhos que me feriram
Arranquei junto às lágrimas
E olho o sol da janela, triste
Porque sei que um dia não mais te verei
Ó claridade!

VERSOS

Hoje setenta ou quase
Carrego dores que me vêm
No corpo feridas do chicote
Do teu que não me feriu também
Anos a buscar o teu sim
No teu pensar
Apenas mãos fechadas
Rostos calados, bocas a maldizer
Vi poucos amores nos seres
Que o criador fez em vida
Na luta, luxúria
Os malandros e famintos
Não de belas joias
Sim de olhares cobiçosos
De ricas comidas
Andei no sol e na chuva
Pisei em pedras e espinhos
Perdi quem mais amei
E hoje setenta anos
Só tenho em versos
Tudo o que aqui passei!

GARRAS

Eu escolhi a solidão, pois teu amor era ilusão
Paguei preço de sangue pelo calor do teu corpo
Que na verdade não era só meu
Fiz tudo que podia para o amor cristalino encontrar
Só achei a falsidade naqueles que mais amei
Esperei dias, meses e anos para entender
Que fui apenas, em tuas mãos, só mais uma presa
Em garras dos gaviões famintos
Que vivem tão somente para matar sua fome!

ALMAS DO BEM

Assim que nasci eu te vi
Busquei amor no vazio que encontrei
Do ventre quente ao sair, chorei
Frio senti, medo do existir
Nas mãos macias da mãe, acolhida me senti
No banho quentinho, como no seu ventre me vi
Apenas o vento me assustou
Abrindo meus olhos, só vi teu olhar tão verde dizer:
"Fêmea, mais uma fêmea"
Foi ali que comecei a buscar onde o amor encontrar
Via aos poucos pingos, que num relance passavam
Fui entender que pedaços de amores
São momentos que a dura vida nos traz
Pelos caminhos que andei olhei em cada olhar
Mergulhei em cada alma, tudo pra te achar
Mas vi com o tempo que esse lindo sentimento é puro
É somente nos homens que anjos existem
Tão simples encontrar, basta buscar lá dentro
Esse lado anjo encolhido, no seu, no meu desejo carnal
No egoísmo
Mas por onde passar?
Creio que anjos virão te ajudar
Esses em almas do bem!

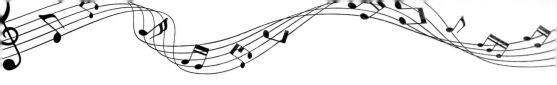

PURA AMARGURA

A dor é minha matéria-prima
Para contar ao mundo a crueldade dos homens
O mundo tão lindo
Em almas tão escuras
A felicidade está nas mãos
Que ao sofrido estendem
No olhar de amor cristão
Mas tudo aqui é pura amargura
Sorriso só de quem algo tem
Os que nascem sem sorte, perambulam
E quietos esperam a morte
Ela, que será o descanso de quem veio
E não encontrou na vida
O verdadeiro amor!

CLARIDÃO

Um dia te vi esguio
Alto, belo, como um sedutor
Só não quis enxergar que na sua altivez
Meu calvário ali começou
Ainda que na miséria
Aquilo que você era de dentro
Seu corpo mostrou
Seus desejos tão altos
Que eu pequena me vi
Esmagada pelo seu alto desejo
Das mais belas que eu
Fui tapete em seus pés
Carícias falsas
Mas algo em mim dizia
Que a luz quando tão alta
Só as estrelas verão
Pois a luz da alma só em ti
Claridão!

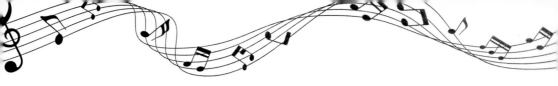

VESTES BELAS

Eu sou o que sou lá dentro
Sou tudo que dentro tenho
Eu sinto meu peito gemer
Também meu coração tremer
Sou como a semente do fruto
À espera do renascer
Na casca de fora não vejo
Quem me conhece é você
Eu ando vagando nas ruas
Ao ver seu olhar em mim
Mas dentro apenas eu sinto
Que conheço você dentro e fora
E você, de fora, a mim
Queria me olhar em vestes belas
Mas só vejo no fundo da alma
Vejo-me, quem sabe, semente
Lançada será em jardins
E eu possa como jasmim
Sentir suas mãos tocar em mim!

TUA FACE

Hoje eu vi um anjo
Loiro era, de face bela
Tão cheio de amor
Sua altivez visível era
Em sabedoria e emoções
Fiquei a te olhar
Tão igual ao meu sentir
Você anjo mostrou-me
O que veio fazer aqui
Só não pude ver suas asas
Que estão guardadas
Num infinito do seu existir
Com lindas palavras me disse coisas
Que em poemas saem de ti
Num afagar por te ver
Sua alma em letras belas acontecer!

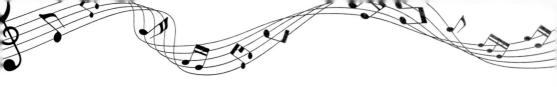

SOU CHUVA

A chuva cai lá fora, forte
Mas parece a voz da natureza a dizer:
"Eu vim vida trazer"
Ainda que molhar um mato ressecado
Que já quase sem vida pedia
Quero outra vez crescer em vida
Eu também sou aquele que derruba árvores
Encho rios, trasbordo lagos
Sou como tudo imperfeita
Mas tão necessária às vezes sou
Somos quem juntos se abraçavam
Outros estragos em estradas
Se é por assim viver
Eu serei sempre a que limpa e alimenta
Molha e faz crescer
Sou a que Ele criou
Assim como você

FUI VÁRIAS

Acho que morei num dia
Nas avenidas a chorar
Nos campos a correr
Na escuridão a vagar
Acho que na vida
Já fui mulher feliz
Mulher que sorria
Chorava ao te abraçar
Creio que vidas eu vivi
Sonhos realizei
Derrotas amarguei
No caminhar eu sigo
Pensando ser várias
Mas vários são os dias
De um sonhador insistente
Pensando que tudo era
Apenas um achar de vida!

DONA

No silêncio da minha alma, calmaria
Sou dona do meu pensar
Descanso meu medo do seu olhar
Do seu falar a me guiar
No canto do meu sossego
Eu sou rainha do meu querer
E como uma incógnita
Te vejo sem me entender
Pois as palavras são flechas a nos doer
Já no meu silêncio
Sou pura a voar
Na busca da minha paz!

VIRADA

O começo é hoje
Do fim que lá trás ficou
Dias, horas, minutos
De lutas e nãos
Que você me deu
Já não existe mãos a doar
No caminhar cansado
Vejo o fraco vindo lá atrás
Como se na corrida da vida
Fosse ele o perdedor
Assim vai-se o ano que passou
Com as pernas cansadas enfim
Descansa o fraco
E um novo dia recomeçou!

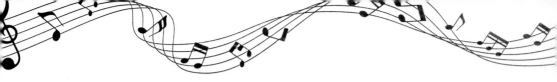

SEI

Do que faço, sei
Do que sinto
Do que penso
De você, nada sei
Do que diz
Do que faz
Do que sente
Do que pensa
Imagino, isso eu faço
Intuições, sinais
Nada além do que eu acho
Só sei do que eu sinto!

CRER

Eu senti no que você mostrou
O arrepiar do meu corpo
Pude ver que a verdade era mistério
Que o véu da lucidez jamais mostrou
Aqui apenas brotamos
Como ser vivos da terra
O que nos torna sábios
É tão somente o que passamos
Ele, lá do alto
É nossa forte luz a nos guiar
Exemplos que nos deixou
Achei lindo o que você mostrou
Mas dentro de mim
Só há o amor que escolhi acreditar!

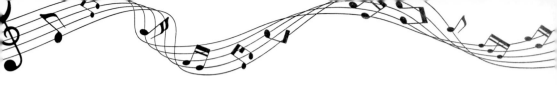

NINHO DE AMOR

Casa velha e sem cuidados
Portais sem portas
Tetos sem forrar
Tudo quase abandonado está
Como uma vida de quem nada tem
A casa é a cara da dona
Que volta anos depois
Cansada da vida urbana
Nada sei do amanhã
Se terei meu resplendor
Para fazer da casa
Meu ninho de amor!

VIDAS VAZIAS

Foi para isso que eu vim assim
Pra contar as dores do existir
Foi então que percebi
Ser tão diferente
Mesmo com a dor da saudade
Tudo ele sabe o que faz
Na abundância me engasgo, incho
No fácil das vidas vazias
Sem mãos estendidas
Montanhas de lixo
Sem nada para encher
E nós, os filhos ingratos
Não saber por que viemos assim!

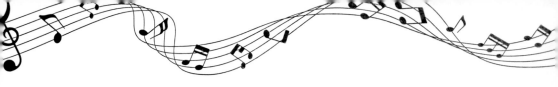

TUDO TEATRO

Faço da vida um teatro
Em que a personagem chora
Ri, rasteja ao seu redor
Viva a vida
De infinitas horas de agonia
Tudo peças
Temas que a vida cria
Tudo teatro
Em que a cortina se fecha ao final
Iludidos somos
Que a história não terá seu fim
Assim, vestidos de personagem
Fazemos a vida como um grande teatro
Vamos representar?

PERDA

Separar-me de você
É ver a morte doer
Perder você ou qualquer um que eu amar
É doer e chorar
Ficar sem alguém
É vida sem sol
Com nuvens escuras
É paz não te ver magoar-me
É solidão na multidão
Amores sentidos vão
A dor da perda é a mesma no final
De uma existência sem brilho no caminhar
Pois o amor é a cor mais bela
É sentir pés firmes, mãos a doar
Mãos a vibrar, tudo belo ao acordar
Mas a vida tem suas manhas
E como mães de meninos
Só o que nos resta é dizer:
"Eu sei viver sem você"!

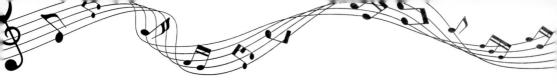

EI

Ei, quem é você?
Você, que mora em mim
Dor, saudade, vontade de dizer quero
É chorar depois amargas desilusões
Oi, quem é você?
É criança sem colo ou mãe distante
Que teima em me fazer sofrer
Quem é você?
Penso, reflito
Te acho guardado pedindo:
"Me pegue em seu colo
Preciso tão somente de ti"!

COR DE LUZ

No profundo azul do seu olhar
Eu vi o céu, anjos a voar
Era tão cor de luz
Que refletidos tornaram-se cores do mar
Senti-me tão encantada
Na ilusão de que minha alma fosse tão pura
Como sempre no seu agir
Vi-o tão pequenino
Já em fé e santidade
Hoje crescido, te encontrei
Na fé que um dia em mim imaginei
Seu jeito foi feito assim
Perfeito como um jardim
Que lá do alto Ele plantou
Então pude ver
Que anjos habitam em você
Em sua pura alma
Será o bálsamo do altar
Onde você pequenino
Sempre quis estar
Assim serão seus dias de anjo aqui na Terra
Com seus olhos tão azuis a nos mostrar
Que o céu existe sim
Em você, em mim, em todos
Que Cristo redentor
Sua vontade, realizar!

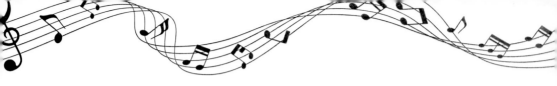

ESPINHO DAS FLORES

Descobri no teu silêncio
Uma dor guardada em mim
Hoje vi no meu, a paz de ser
O que não vê em ti
Descobri que as palavras
São como os espinhos
Das flores que ofertamos
Palavras doces, puro engano
Se a alma guarda rancores
Como fumaça cinzenta
Que de chaminés sai
Quando dentro o fogo queima
As dores da vida são lenhas
Que arrancadas ou secas caem
E a mãe árvore, que só doa
Vive seu destino lá, parada
De pé, na chuva, no sol e na ventania
Firme e forte
Sem dizer uma palavra.
Descobri que ela, sábia
Vive assim como hoje me vejo
Na paz do meu silêncio!

MISTÉRIOS

Por quê? Por quê? Por quê?
Nasci perguntando
Morrerei sem saber
Por quê?
Por que tudo se acaba?
Por que tudo se vai?
Tantas mentiras, tantas dores
Mentiras que você me contou
E eu sem entender o porquê!
Por que Deus te levou?
Pra quê?
Se aqui você só amor deixou
Assim como uma ventania
Brava vivemos
Pensamos, por quê?
Sem sua resposta, ó vida!
Apenas tão esperançosos
De que no céu está a resposta
Por que todos que amamos
Um dia, num triste adeus
Nos deixaram!

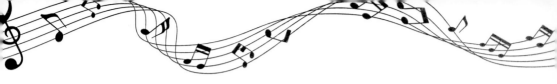

VÉU

Hoje eu sonhei com você
Vi seus agrados em mim
Fazer o que eu jamais fiz
Você, linda, mansa, me pedia
O que eu não era capaz de te dar
Assim como na realidade
Pude ver você no véu
Da espiritualidade
Ah, como é covarde a vida!
E eu que nem sabia
Que tão brevemente te perderia
Se eu pudesse voltar no tempo
Te encheria com meus abraços
Te cobriria de beijos
Não deixaria jamais
Que te levassem de mim!

BAILA PRA LÁ E PRA CÁ

Menina é
Eduarda, filha
Da mãe de Deus nasce ela
A menina bela
Maria Eduarda é ela
Não sei como te dizer o que és
Nem como serás
Apenas dentro do meu ser
Você completa viverá
Eduarda, um dia
Nasce a menina que nela
Chora as dores que terá
Lá fora o sol brilha
A noite espera o dia amanhecer
E ela, a menina, baila
Pra lá e pra cá
Dias de primavera viveu
Beleza sem explicar
Tão poucos dias de vida
Já por histórias passou
Mas como se a vida
Fosse uma roda gigante
Ela, Eduarda

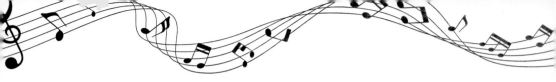

Corre, dança, vive seus sonhos
Que lá do céu, Maria mãe
Viva a olhar
Já que ela forte é, ela segue
Amada Eduarda
Sempre a sonhar!

ALMA GEMER

Quando eu olho dentro de você
Sinto minha alma gemer
Minha carne doer
Quando penso em você
Vejo sua alegria
Nosso sofrer
Seus carinhos duram segundos
Suas vontades eternidade
E eu sem saber o que fazer
Do meu amor por você
Se me doo, sangro
Toda vez que a falsidade
Te levar distante
Seus abraços me apavoram
Como se me esmagassem
Nada além de verdades
Que eu já sei; falsidades
Você, menino homem
No seu desejo a me fazer sofrer
Nasci menina a buscar
O seu abraço, o seu querer
E com braços abertos
Vivo eu sem você
Sem todos que por mim passaram
Na ilusão que fui
A boneca cobiçada!

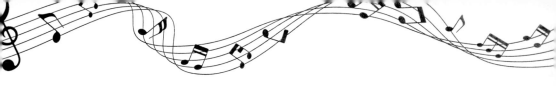

LEMBRANÇAS APAGADAS

Sem você o que seria do ontem?
Sem alguém que te fez nascer
O que seria da história?
O passado não existiria
As lembranças apagadas
A sabedoria esquecida
Sem você, que é tão sábio
A vida sem cores seria
Sem professores
Sem alunos em sala
Tudo seria apenas olhar e esquecer
Como uma mente em branco
Assim é papel sem frases
Contos, histórias
Nada é tão parecido
Como o amor de hoje em dia
Momentos!

RICAS PÁGINAS

Te olhando em várias páginas
Te vi tão igual a tantos, igual a mim
Largado num canto
Tão cheio de ricas palavras pensadas
Que como no universo das mentes pensantes
Ali vives tu, isolado
Passam por ti sem te olharem
Te deixam num canto esquecido
Quanta ingratidão contigo!
Oh! Tu és tão cheio de emoção!
Tão rico de experiências
Tão belo de sonhos
Mas triste solitário vives ali
Num canto entre tantos
Cuja poeira é sua insistente companheira
Às vezes mãos te tocam
Como se um anjo a te afagar
E dizer-te: "Não fique tão triste
Por ser tão desprezado
Pois teu lugar está guardado
Nas linhas, nas páginas
Que um dia o poeta, por flores e dores
Te fizeram em livro nascer!"

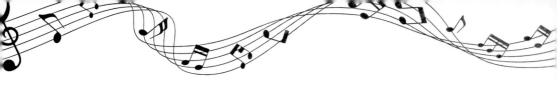

RAIO DE LUZ

Tu és forte e poderoso
Toma meu ser por completo
Me faça te amar
Mesmo que o amor
Nada mais é do que abstrato
Tu, o anjo do céu, também é
Por que não toma a forma
De alguém que amo?
Penetra raio de luz
E me traga a perfeita forma de amar
Eu busco, sim, Deus em mim
E vou te achar
Ainda que seja na vitória que terei!

PERSONAGEM

Abraçar um amigo todo dia
Construo minha nova existência
Sem adaptar-me ao não
Vejo nas novelas os personagens
Que são cada um de nós
E todos um pedaço do que consigo ser
Tudo seria tão simples
Se eu pudesse alcançar meus ideais
Não sei que tipo de mulher sou
Vivo como no passado
Desejo como no futuro
E só lamento no presente
Até que ele, Deus
Possa mudar minha sorte!

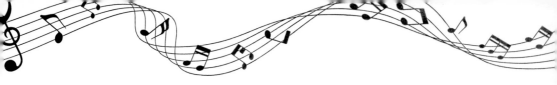

ESPINHO NA CARNE

Ai! Como dói! Esse
Que em nossa triste realidade brota
Já no passado
Alguém te sentiu na carne
A ferir até o fundo da alma
Só quem não quer
Não te verá
Pois na vida de todo ser
Tu ferirá
A carne que sangra
Em silêncio profundo
Talvez a beleza que não existe
Outras, a velhice a mostrar-te
Quem sabe, somente
Quem te percebe
No fundo do teu existir!

TRISTE ADEUS

Como é triste amar alguém
E ter que dizer adeus!
Como dói ver a porta
Que fechada está em você
Fechar a minha e te dizer:
"Sai agora da minha vida!
Antes que eu possa morrer"
Como é difícil olhar
Os seus passos lá fora
Ao sair, indo embora
Porém triste é ver seus pecados
Matar os meus sonhos
De que o amor é límpido
Claro, como água nascente
Saída das pedras solitárias
Só que a dura verdade
Que sai dos homens
É você me dizendo: "Te amo"
Em palavras ao vento!

GIZ

A história dela
A moreninha bela
Hoje o passado esquecendo está
Ah, moreninha bela!
Que giz fez te apagar
Sua bela vida de menina querida?
Hoje você me fala:
"Alzheimer é meu mal-estar"
E eu pra não te ver chorar
Te acolhi em esperanças
Vejo você na infância a dançar
Seu sorriso hoje apagar
O que foi que fizemos?
Qual erro pagamos?
A resposta está clara
Cruzamos as montanhas
Cascalhos lá pesamos
Corremos em dias chuvosos
De pés em enxurradas
Comemos o que nos deram
Sonhamos acordadas
Hoje tudo realizado
Só o tempo a nos dizer
Já é tarde, moreninha bela
E hora de adormecer!

À PROCURA DE ALGUÉM

Estou agora me sentindo tão só
A tarde escura
As pessoas transitam na rua
Em busca de algo que falta em casa
E eu assim, como você, observo
A vida que não consigo ter
Sinto faltar sua figura triste a vagar
Éramos unidos
Por quê?
A solidão em nós será a mesma
Hoje eu não sei onde achar você
Mas dentro de mim você está
Não sei o que dói mais
Sua ausência ou te ver
À procura de alguém
Você, maravilhoso
Sem seu sonho realizado
Talvez porque sonho é sonho
E esse foi seu jeito de sentir a vida
Só companheiro
Realidade não colore a vida
Sonhei e realizei
O brilho que pensei existir
Mas Ele, o dono da vida
Te permitiu não acordar
Só você não entendeu
Que você será sempre nosso sonhar!

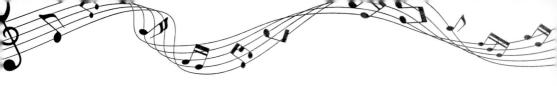

SEM SOL NA JANELA

Aqui eu, sem alguém
Acordo no susto da realidade
Vejo tudo parado
Somente o cantar dos pássaros
Que sem chorar viram
Seus ninhos caídos
Seus filhotes a agonizar
Lá vão eles, de galho em galho
Outro ninho recomeçar
Da janela vejo só mato crescendo
Às vezes chuva
Outras vezes sol
Que torra a terra
Galos cantam ao meio-dia
Sem saber se é madrugada
De vez em quando
Ouço passos na estrada
E de alguém que vive longe
No meio do nada
Tendo apenas sua voz a cantar
Na triste realidade
E eu aqui, sem alguém
Com tantos no mundo
Mas achar a dignidade
Quem sabe
Onde encontrar?

Pois amar a mentira
É viver sem chão nos pés
Sem sol na janela
Sem brilho no olhar!

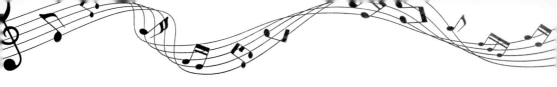

INTUIÇÃO

Acabei de te ver lá fora
Sua realidade me apavora
Ao te ver tão simples
Como imaginar seu mundo
Sua mente, seu interior
Vi apenas sua figura
Triste e carente
Mas o mistério rondava
Minha intuição
Vendo suas escolhas
Pessoas altivas
Cujo luxo estampado
Mostra o mundo que lá fora vive
E aqui, junto a minha humildade
Você nada mais é que um falso
Pobre coitado
Mas anjos dentro nos falam
Que algo está errado
E no olhar de um perfil
Te vi num mundo que eu, simples
Jamais conheci!

HORAS CINZENTAS

Solidão, o que é você?
É um dia escuro sem amor?
É uma dor, sei lá de onde vem?
É o abandono de alguém?
Ou a traição descoberta?
Duras horas cinzentas
Até que o cenário
Da nossa história se apague
Você, solidão, apavora
Ai de nós, traídas
Pois a dor é parecida
A mesma que dá a morte
Perder é como arrancar
Cem raízes verdes e floridas
Plantas que enfeitam o mundo
No caminho tantas outras acharemos
Mas é destino da vida
Passar por jardins floridos
Colher uma formosa flor
Que secará nos dias vindouros
E sozinhos sempre ficamos
Em solidão!

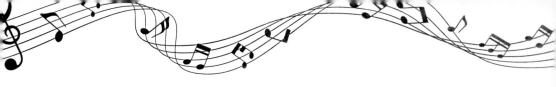

MEU DOCE QUERER

O que será de mim?
De você, de nós
Dos pássaros
Das águas
E das plantas?
O que será do amanhecer
Do entardecer
Sem teu chegar?
O que será da criança
Que no ventre espera
A hora, o dia da luz do sol
Do frio, da chuva
Da ira dos homens,
Do amanhã sem futuro?
Quero te ver mundo belo
Coisas, pessoas belas
Gente sorrindo
Outros a cobrar meu abraço
Passar e ver no teu olhar
Meu doce querer
Minhas mágoas chorar
Ver teu sim
Fugir do teu não
O que será de mim?
Se tudo na vida nasce "não"!
O sim é cavado

Como quem busca água em pedras
Ouça o sino tocar
É Deus a chamar
Venha logo, te espero pra rezar
Quem sabe lá dentro de você, de todos
Cores, flores e jardins irão brotar!

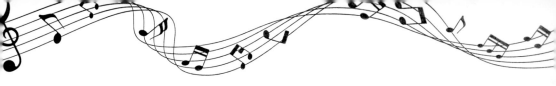

NEBLINA

No meu triste amanhecer
Olho e vejo o sol medroso nascer
O frio traz junto à neblina
Tornando meu corpo molhado
Quando nas estradas de chão eu vago
Tentando iludir-me com paisagens
Que nunca me deixaram
Se sua ausência é necessária
Por que lamentar meu vazio?
Se um dia nasci sozinha
Passei anos a buscá-lo
Sem pensar que as ruas são largas
E o mundo, tão grande, é de todos nós
Vivendo assim, passo por você
Apenas num acenar de mãos a dizer:
"Oi, tudo bem? Tchau!"

GESTO DE AMOR

Um dia te fiz menino feliz
Sem saber que mais tarde
Já garboso rapaz
Você me daria flores
É a beleza de um sonho realizado
Assim são os dias
De quem sabe o valor
De um gesto de amor!

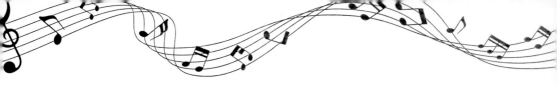

PAZ DOS CALADOS

Hoje, no silêncio da alma cansada
Estamos acordando
Diante da cruel realidade
Fechadas as bocas
Pensamentos fluem
Livres dos nãos que nos vêm
Soltos e donos
Do que somos dentro
Paz, calados, temos
Pois crianças chorosas fomos
Moças, iludidas, sorridentes
Senhoras ajuizadas mostramos
Chegamos ao fim da estrada
E olhamos tudo o que vivemos
E aprendemos
E o que nos resta é apenas voar
No silêncio do nosso sofrido
Mas livre, pensar!

QUARTOS FECHADOS

Um dia, ainda menina, conheci a falsidade
Corri para alcançar quem corria mais do que eu
No lar eu vi mistérios, quartos fechados
Guarda-roupas sem abrir, portas trancadas
Palavras ocultas, duras em desprezo
Fome de amor passei
Vi minha mãe sempre a esconder
O que era a vida real, de quem merecia estar aqui
Hoje eu vejo que me ocultaram
Me negaram o bom do existir
Mas lá dentro eu construí riquezas da dura vida
Sem entender como em letras eu conto
O que todo ser precisa pra ser feliz: amor!

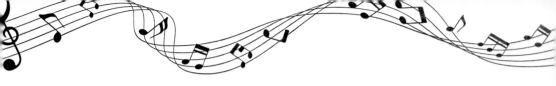

PARTE ILUMINADA

Amor, você é um doce no peito
Minha alegria no olhar, meu momento lúdico
Você, amor, tão encolhido nos felizes
Tão brilhante no sofridos
Amor, parte iluminada do ser
Como asas de anjo alcança a dor do viajante que passou
O pão que matou a fome de quem fraco deitou
Como pode você, amor, transformar dores em sorrisos
Te peço, então, não deixe de bater na porta
Dos duros de coração!

SÓ ALMA

Os dias que aqui vivi foram dias de alegrias vãs
Noites de sono suaves
Dias de realidade frias, sem perceber a que vim
Como não escolhi os que por minha vida passaram
Assim, anos, dias, caminhos percorri
Como se eu fosse só a alma, meu corpo era levado
Os espinhos que pisava, as pedras no caminho
Tudo em dias longos, anos sem descanso
Só alegrias pude sentir
No simples aconchego de minha cama
Entre cobertores passei noites de paz
Que meu ser me fez saber!

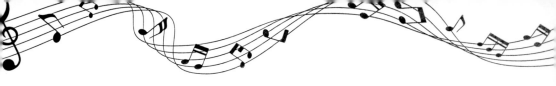

ALMAS VAZIAS

Até agora não entendi
Por que foges de mim
Se amor sei ter por ti
Ainda criança descobri
Que amor é alimento
Refresca a dor do existir
Que tão bom é o amor
Ver o amor no teu olhar
As mãos estender, o sim dizer
Tudo seria belo sem as dores da perda
Com frescores de quem se banha
Nas águas frescas em dias quentes
Pois sem o amor é escuro
Como o breu que me disseram
Mas o breu existe sim
Nos homens de tristes almas!

SOFRIDO CORAÇÃO

A noite é de solidão
Os grilos e os gafanhotos lá fora gritam
Como se a festa durasse em escuridão
As cigarras cantam tudo em uma sinfonia
No mato que cresce seco ou molhado de chuva
Tudo é tão simples para eles que sofrem sem conforto
Sem cobertores, tetos, somente as folhas
E nós, debaixo de todo aconchego
Chorando por ventos que sopram
Tudo porque a ingratidão
Mora nos nossos sofridos corações!

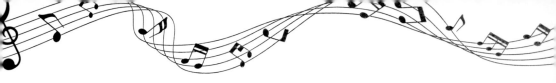

FARRAPOS

Ele chegou das farras
Bate na janela do meu quarto
Depois de beijar tantas bocas
Vem me trazer seus farrapos
E eu aqui, no meu canto
Sofrendo de abandono
Vejo-me feita em pedaços
Com dores na alma reclamo
Luto para não querer o resto que vem de você
Mas a sua carência me vence
Mais uma vez, eu, em lágrimas
Abro a porta
E logo estou em teus abraços!

SEU PERFUME

Sábado, dia que me faz doer
As tristes lembranças do seu ser
Quando nos braços de outra me trocava
Ainda hoje eu sinto a dor que me fez viver
Ao ver seu perfume passar
Abrindo a porta e sair
Voltando só de madrugada
Com cheiro de outra em seu corpo
E eu chorando num canto
Sem saber para onde vou!

FRIO OLHAR

Nos seus olhos eu vi
A triste falta do anjo
Que traria doces palavras
Mãos estendidas, gesto meigos
Que saem do coração
Pensei como é a vida
Sem o bem ao outro fazer
Então eu acredito em anjos no coração
Quando perdida na estrada
Vejo o egoísmo a passar
Como ventania a derrubar
Os frágeis que por aqui vagavam
Nos passos que dei pelas ruas
Eu vi a maldade em cada olhar
E entre alguns pude ver
Anjo desperto em cada ser!

MOMENTOS

Tem horas que é de dor, outras de alívio
Tem momentos de saudades, outros de agonia
Tem várias horas sem nada, à espera de passar o dia
Tudo porque falta alguém
Vazio o mundo seria
Se o criador não quisesse fazer tão belos os seres
Mas belo que existe é estar junto
Ainda que em desengano
Eu vi a vida mais bela quando todos eram juntos
Os homens da face da Terra!

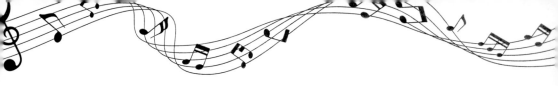

SOU TRISTE

Por que você não está dentro do meu querer?
Toda dor em mim é sua falsidade
Seus modos ocultos sem a clareza do seu sim
Sou triste porque não encontrei no coração de alguém
A verdade que há em mim
Já não creio mais em nada
Olho e só vejo máscaras
Procuro você e não o acho
Pois suas vestes mascaram seu ser
Olho o mundo tão perfeito
Onde a obra-prima mais bela seria
Se a verdade vestisse você!

MUNDO SEM COR

Todo erro será lembrado
Toda mentira desfeita
Toda mágoa cobrada
No deserto do seu ser
O amor passa tão longe
Só lágrimas a cair
Hoje de quem você feriu
Amanhã ferido será
Pois a roda gira
Do alto olha para mim
E todos os pequeninos que choram
Ainda suplicam seu sim
O mundo fica sem cor
Quando fere o sofredor
Mas um dia tudo se acaba
E toda ferida que sangra
Será cicatrizada!

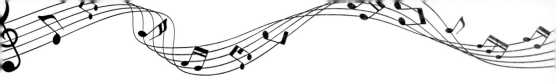

OUTRAS VIDAS

Você e suas mentiras
Tão triste ver você assim
Suplicar meu perdão
Sem olhar seus erros que ferem meu coração
Quando te estendi a minha mão
Jamais pensei que iria doer
Toda falsidade do seu ser
No seu lado bom, eu menina debrucei
Agarrada no seu colo macio
Vi-me leve como as asas do beija-flor
O tempo foi o juiz que me mostrou por dentro
E tão logo percebi
Que vidas outras lá fora você escondia de mim!

SORRISOS CANSADOS

O sol torra a terra
As ruas vazias estão
Lá fora só iludida
Nas danças de carnaval
Eu passo os dias encolhida
A esperar o seu chamar
Até quando canso de te esperar
Não vejo amor no seu agir
Nem alegria no seu olhar
A igreja só porta do céu
Dos que não veem senão diversão
Os comércios só ambição
Sorrisos cansados
Vontade de esganar
Eu, que sou gestos de carinho
Vejo-me sem a quem dar
Ainda bem que as horas passam
Os dias quentes a chuva refresca
O mundo gira como roda-gigante
E às vezes lá do alto, outras embaixo
E eu a esperar o seu sorrir para mim!

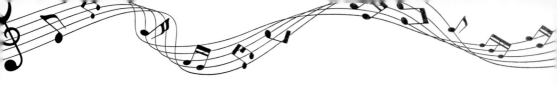

ÉDIPO

Por que você sente falta de alguém
Se você já a mim tem?
Por que esse vazio em você
E em mim que te tem?
Não vejo clareza em você
Onde está a mãe que você procura
Se hoje um homem tu és?
A falta desse afago está no teu agir
Que horas me quer
Outras a fugir
E eu aqui, de portas fechadas
Coração amargurado
De não ver a tua alma feliz
Só ao meu lado!

AMOR EM GOTAS

Se o amor dividido está
Esse amor partiu sem mim
Se o seu amor em gotas dá
Esvaiu-se em mim sem dor
Se nosso amor é assim
Dividido em pedaços, em gotas sem dor
Sei que sou esperança
De senti-lo, de invadi-lo
E um manancial de amor em você sentir!

DOIS DE NOVEMBRO

Hoje é seu dia, dia de quem se foi
Por que chamar dia dois se apenas um se vai?
Mesmo tantos nos mesmos dias, mas cada um em seu silêncio
Levando guardado no nada a história que aqui viveu
Hoje você e todos dormem, hoje é o dia que te mostram
Apenas nas lembranças de que um dia fostes
A flor roxa, vermelha e amarela que os sonhadores colhiam
E num vaso ali, você, linda, poucos dias bela viveria
Assim como no ciclo de uma existência, vamos nos iludindo
Que viemos para brincar, sorrir, ver os dias lindos passar
Esquecendo como meninas a dor que nos erros a vara a carne sangrou
Então, já que existe a dura realidade
Vamos hoje, no dia que te viram dormindo
Lembrar-nos somente do seu lindo e preguiçoso espreguiçar
Como quando ao começo do dia acordar!

TEU SILÊNCIO FRIO

Falei com você ontem
Mas não ouvi a sua voz
Lembrei dos dias de tédio
Que um dia vivi
Em sua fria companhia
Perguntei-lhe coisas
Que eu queria saber
E, como sempre, só o silêncio
Falei tanto
Fiz tantas tentativas em vão
Do outro lado, lá você
E seu triste desprezo
Vieram-me trazer o desânimo
Adormeci em seu silêncio
Quando tarde fui olhar
Você como faca de dois gumes
Um punhal a cortar
Com poucas palavras me disse:
"Não te dou o direito de dizer nada"
Basta!

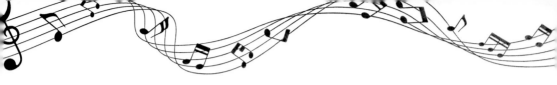

RUGAS MARCADAS

Meu peito hoje é só dor
Minha face, às vezes tão bela
Outras rugas marcadas
Que o tempo injusto marcou
Conto os dias infinitos
Como se nunca eu fosse morrer
Vejo todo dia alguém jovem partindo
E os velhos aqui
Sem nada de bom pra viver
Andando perdidos
Minha cabeça chega a doer
De tantos pensamentos ruins
O que é isso em nós?
Ninguém feliz
O mundo cheio de ilusões
Todos momentos vãos
Coisas que parecem
Como pétalas de flores breves
A bela fica velha
Da noite para o dia
A maquiagem
Os fios tratados de seu cabelo
Poucos dias brilham
E tudo é consumismo
Cadê a beleza da simplicidade?

Quando numa brincadeira de rodas
Crianças se alegravam
E eu que já vi de tudo
Não vejo mais aquela fiel alegria!

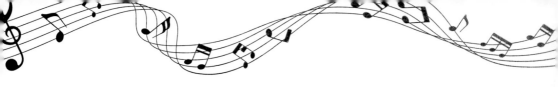

DORES E ALEGRIA

Se o seu sofrer é igual ao meu
A sua dor reflete em mim
Se o seu desejo triste está guardado
O meu, perdido por aí
Vivi a te esperar
Se nossas dores e alegrias são tão iguais
Porque não chorarmos abraçados!
Brincar de faz de conta que a chuva cai e se vai
O sol aparece e se esconde
Retornam eles todos os dias
Fortes, teimosos, mas eternos
Olhando o caminhar de todos, pensei:
Por que viver a chorar?
Vamos dar risadas dos nãos que vierem
E tchau aos que não nos querem
Olha bem para as cores do universo
Deixa as dores que nos fizeram
Guardadas embaixo do travesseiro
As lágrimas secarem com o sol
As feridas cicatrizarem
Com o passar dos dias meus
Olha dentro dos olhos
De tantos que te precisam
E verá a luz que habita lá no fundo
Do querer de todos nós!

VALORES

O que sou, o que tenho
Minha essência
Meu ser
Meu viver
O que sinto
O que dou
Valores, em mim
Em você
Como todos devem ter
Não de bens materiais
Que perecem
Mas o doce sentir
O amor fluir
O bem persistir
A família unir
Filhos juntos a seguir
De mãos dadas
De abraçar os valores
Que do alto, como luz
Devem nos guardar
Até o fim!

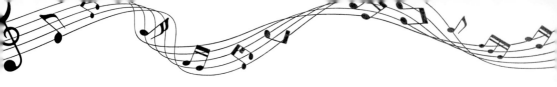

DOM DE AMAR

O amor que existe guardado
É como o arrancar da pele, em dor
O amor que trocado é, fonte que jorra
É dor do engano
O arrancar desse lado afetivo
O dom de amar
Nem sempre a quem dar
Fica então estancado
Envenenando a alma
Não é pedir amor
Mas é ter a quem doá-lo
É parte do ser doar
Para se tornar como uma nascente
Ou, então, secar-se-á
Tantos, frios se tornam
Outros, doentes egoístas
E tantos por isso perdidos então!

VIDA

Que vida?
O que é a vida?
Se não olhar e ver
Rostos trancados
Assim é a vida
Andar olhando pela janela
E ver as cores verdes
Das plantas em mato fechado
As árvores quietas
Sem derramarem suas lágrimas
De abandono
O sol brilhante
A aquecer casas mofadas
Clarear o dia triste
De quem perdeu um alguém
Ver pássaros voarem
De galho em galho
Felizes na fragilidade
Flores com mil cores
E formas infinitas e belas
O que é a vida?
Que vida?
Se os seres mais sábios
Não sabem sorrisos dar
Olhar e ver tudo que há
Se posso entender-te vida

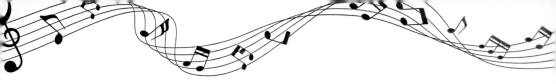

Em meu peito
Nos meus olhos
Te ver
No meu suspiro
Quando respiro
E sinto que você, vida, sim
É tudo que alimenta meu ser!

CARNE QUE PERECE

Pesada demais foi a dor que ela sentiu
Pesadas as pedras que pisou
Pesada a hora do fim
Pesada a falta do que se vai
É tão linda a vida em cores
Sabores, vida, enfim
Por que Deus quis assim?
Por que tudo é momento?
Falsas horas de alegria
Somos carne que perece
Dor que aparece
Num triste adeus
Pesado foi, eu sei
Porque você disse assim:
"Está muito pesado"
Está quase deixando tudo aqui
E assim todos nós iremos achar
Tudo pesado no fim!

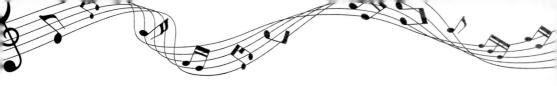

MENTIRAS

Lá vai ele! E suas falsas verdades
Vou ali, volto já!
Ali onde? Mistério no ar!
Fico aqui a esperar
Sem saber onde ele irá
Vai saindo tão depressa
Como um vendaval
Fico eu a perguntar:
Onde será que ele irá?
Lá vai ele
Mais uma mentira no ar
Por que assim agem quem
Tanto amamos?
Nas mentiras voam livres
Prisioneiras nós ficamos
De alguém que sempre irá nos contar
Tão somente o vagar de tanta gente
A mentir a sua nebulosa história!

LÁ FORA

Estou no vão, na fresta
Espremida, sem saída
Estou frágil
E diante da vida
Olho lá pra fora
Só vejo tudo parado
Nada por um sorriso
A vida fica cinzenta, frias
As ruas vazias
Nos lugares, só bares, bebidas
Os solitários e suas garrafas
A música alta
Engana os ouvidos
Nubla o pensamento
Faz pensar na falsa alegria
Só os velhos viciados
E malandros sentados
Das roças, carros
Cavalos nas estradas
As montanhas paradas
Verdes alimentando os gados
Tudo tão belo e eterno
Só nós, humanos, perambulando
À procura do nada!

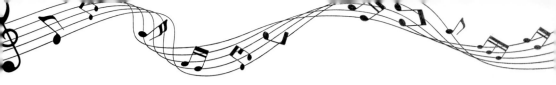

SIMONE

Como é triste viver sem você!
Eu acordo em dor e solidão
Entre sonhos consigo te ver
O que antes era pesadelo
Eu acordava e via você
Agora, sonho doce ao te ver
E acordar, dor sem você
Que era minha alegria
Hoje triste fiquei, pois que
Minha vida só brilhava com você!

EM TEUS BRAÇOS

Em teus braços
Eu te olho na madeira, pendurado
Lembro o dia que te carreguei
Em meu colo
Até que numa parede te coloquei
E tu sempre comigo
Nas horas de agonia
Nos dias tristes que vivi
Nas viagens que fazia
Tu, anjo de luz
Que na cruz mostrou
O amor por meus pecados
Minha casa guardava
E hoje eu sei
Que ali, numa parede fria
És tu, meu maior guia
Meu anjo!

ORVALHO

Rosa que me destes
Como a vida de sonhadora, parece
Rosa que tão linda é
De vida tão curta serás
Nasce como um dia comum
De que tanto quer sonhar
Rosa que vermelha me destes
Teus olhos tristes calaram diante de mim
Por quê?
Se ao pensar melhor me comparo a ti
Nasci entre espinhos
Como um simples botão que será rosa
Que luta pra ser tão formosa
Passa por tantas lutas
Abre-te linda e será desejada
Causa encanto, no entanto
Dura o tempo de sua beleza
Secam-se e caem suas pétalas murchas
E por fim, és queimada
Junto dos que atrai
Oh rosa! Tão querida és!
Mas tem seu momento tão curto
Assim como doce momento de um sonhador!

ILUDIDO RETRATO

Por que o amor que me deu foi crueldade?
Onde seus desejos, falsas mentiras, contou-me
De que eu era sua alegria
Esta sim, só nas belas curvas encontrou
No sonho adolescente adormecido
 E eu como animal de sela
Te carreguei longa distância
Enquanto você, o covarde, me traía
Nas telas de um iludido retrato
Mas a flor que em mim existe
Você jamais encontrou
Na beleza que buscou
Porque o belo pra você
Jamais no simples encontrou!

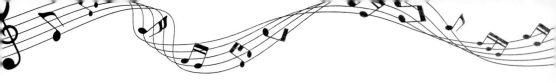

ARDE

Arde a vida
Arde meu pensar
Arde meu olhar
No teu olhar
Arde meu corpo em sono
Nos medos infantis
Nos nãos que recebo
Nos anos que vivi
Nas estradas que irei
Sei lé onde chegar
Não sei se contigo estarei
Ou em outros braços dormirei
Tudo em mim
Nesta finda vida
Tudo arde
Tudo é medo
Da morte dentro de mim
Dos dias findos
Que ainda viverei
Até que meu corpo se cure
Minha alma se alegre
Assim sigo eu
Nas noites de sono bom
No despertar ardido
Meu corpo cansado dirá
Até quando tudo arderá?

PAIXÃO DE CRISTO

Hoje é paixão
Ele se foi
Ela também
Muitos irão
Alguns com luz
Outros, escuridão
Ele se foi
Sem nada de mal ter feito
Na cruz o pregaram
Sem dizer a razão
Ela se foi
Porquê, não sei
Como um pássaro
Em mãos a espremer
Frágil como os que asas possuem
A voz calou, a dor acabou
E eu aqui essa dor carrego
Por saber que em carne sofro
A dor do existir
Hoje sexta da paixão
De quem saudades deixou
Eu e todos iludidos
A esperar o dia de voar
Até ele e ela
Em abraços, lagrimas derramar
Até que tudo aconteça

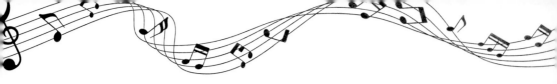

Nossos mundos separados pelo véu
Em mistérios
Sempre em nós
Viverá!

SONHOS

Onde está você amor
Que não acho em ninguém
Vejo pessoas vazias
Só o prazer convém
E eu tão pequena
E tão grande de amor
Olho pros lados
E só vejo amargor
Lembro de mim pequenina
Na mesma estrada a vagar
Apenas os sonhos pra sonhar
Os anos esperar
Hoje já anciã
Vejo lá dentro a menina
Que sonhos viveu
No acordar da realidade
Hoje apenas saudade!

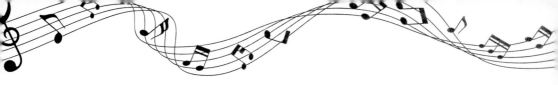

CHUVA DE VENTO

Meu peito é só dor
Meu olhar, alegria
No meu corpo, fantasia
No falar, calmaria
No seu passar por mim
Vejo gotas de amor
Outras sem sabor
Chuva de vento é seu amor
Que por mim passou
Destruiu minha ilusão
De que o ser humano é favo de mel
Onde o carinho mostra verdades
Nada, a não ser saudades
Pois que a realidade
É você em várias maldades
E eu aqui a esperar
Seu fim dentro de mim!

Maria Fatima de Castro

PAREDES AZUIS

Olhando as paredes azuis
Da casa onde vivi
Tentando achar o meu ninho
De amores que construí
Aí, pude ver
Que a vida é pelejar
Dormir e acordar
Caminhar sem porquê
Nas ruas vazias
Assim anos vivi
De horas longas
Outras iludidas
Buscando o sentido da vida
No simples amanhecer
Sem seus braços a cobrar meu corpo
E iludir minha alma
Que tenho sempre você!

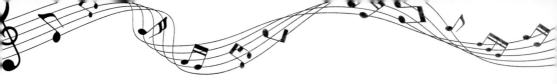

LÍRIOS

Nasci para falar da dor
Das cores lindas das flores
Do calor dos amontoados
Que nas casas são gerados
Sem que ninguém possa saber
O que será do amanhã
Dessas vidas sem porquê
Eu nasci pra te dizer
Coisas que não quer ouvir
Pois que me ferem a alma
E querem lírios em mim
Sou cacto em espinhos
Que guarda lágrimas ao espremer
Até que a morte me deixe
O teu não suma em mim
Suas maldades não me achem
Eu serei, a que duras verdades
Em lágrimas te direi!

Maria Fatima de Castro

FANTASIA

Por que você secou seu corpo que era tão belo?
Sua pele macia feito veludo, em seda pura
Seus olhos caramelos brilhantes como seus lisos cabelos
Sua altives, que alegrava os que nasciam sem sua beleza
Onde faz seu corpo tão belo, seus modos tão finos e chamativos
Nada além de um nome gravado numa lápide fria e coberta de mato
E lá, posso te imaginar sem sua beleza que a inveja secou
Já nem sei se a vida é fantasia, onde o palhaço pinta o rosto
Veste cores de cetim amarelo, verde, azul e vermelho
Tão logo acaba o texto e as risadas das crianças iludidas
Tudo será tirado, o rosto lavado, as fantasias arrancadas e seu sorriso quadrado
Pois que os dentes nem existem mais
Assim como no circo, a lona desce, desce o pano
É como o mundo dentro de nós, tudo belo, fantasia
Porque Ele, lá do alto, nos fez para viver um sonho que durasse apenas dias!